CARTEA COMPLETĂ DE CATEGORIE CARAMELE

Ispitește-te cu 100 de delicii tentante ale beatitudinii cu unt

Zoe Lămboiu

Material cu drepturi de autor ©2024

Toate drepturile rezervate

Nicio parte a acestei cărți nu poate fi utilizată sau transmisă sub nicio formă sau prin orice mijloc fără acordul scris corespunzător al editorului și al proprietarului drepturilor de autor, cu excepția citatelor scurte utilizate într-o recenzie. Această carte nu trebuie considerată un substitut pentru sfaturi medicale, juridice sau alte sfaturi profesionale.

CUPRINS

- CUPRINS 3
- INTRODUCERE 6
- MIC DEJUN 7
  - 1. Banoffee Cruffin s 8
  - 2. Pâine cu banane cu caramel și stropi 11
  - 3. Torte scurte cu piersici și caramele 13
  - 4. Banoffee Waffle 15
  - 5. Pâine Toffee Fagure 17
  - 6. Rulouri Toffee Scorțișoară 19
  - 7. Briose Toffee cu mere 21
  - 8. Clatite Toffee cu zara 23
  - 9. Toffee Scorțișoară Făină de ovăz 25
  - 10. Toffee French Toast 27
  - 11. Toffee Iaurt Parfait..29
  - 12. Clatite Toffee Banana...31
  - 13. Mic dejun Toffee Quesadillas 33
  - 14. Briose Toffee B Uttermilk 35
  - 15. Toffee Caramel Făină de ovăz 37
  - 16. Granola cu migdale caramelizate 39
  - 17. Briose Toffee Banana Bread 41
  - 18. Toffee Apple Mic dejun Cobbler 43
- GUSTĂRI ȘI BOMBOANE 45
  - 19. Ciocolată- Toffee Cracker Crunch 46
  - 20. Batoane cu nuci caramelizate 48
  - 21. Toffee Caju Treasures 50
  - 22. Batoane de cereale Toffee 52
  - 23. Batoane de toffee Toblerone 54
  - 24. Popcorn cu migdale Toffee..56
  - 25. Batoanele de caramel Hershey's 58
  - 26. Biscuiți Banoffee cu picătură de espresso 60
  - 27. Mușcături de plăcintă Banoffee 63
  - 28. Choc Banoffee Filo Stack 65
  - 29. Tartele Banoffee 67
  - 30. Cupcakes Banoffee...70
  - 31. Dulciuri Banoffee congelat 73
  - 32. Dip Banoffee cu biscuiți Graham 75
  - 33. Banoffee Energy Bites 77
  - 34. Mix Banoffee Popcorn 79
  - 35. Banoffee Bruschetta Bites 81
  - 36. Batoane Granola Banoffee 83

37. Banoffee S'mores Bites 85
38. Batoane Cheesecake Banoffee 87
39. CandiQuik Cowboy Bark 89
40. Toffee de ciocolată 91
41. Batoane de toffee cu scorțișoară 93
42. English Pub Toffee 95
43. Patratele de caramel cu bacon confiate 97
44. Tijele de covrigi Toffee 100

DESERT 102
45. Budincă Sticky Toffee Cu Sos De Rom Caramel 103
46. Tort cu banane cu susul în jos, toffee lipicios umed 106
47. Budincă de mere condimentată Sticky Toffee 109
48. Inghetata Caramel & Toffee 112
49. Brûlée de gheață cu lămâie cu caramel 115
50. Trufe Toffee 117
51. Prajituri Toffee Sticky Pere Miso-Caramel 119
52. cu ciocolată Mocha Toffee Chip 123
53. Plăcintă cu moca de caramel 126
54. Oală de cremă cu cioburi de caramel de trandafir și fistic 129
55. Tort Banoffee 132
56. No-Bake Vodka Toffee mere Cheesecake 136
57. Tort Toffee Poke 139
58. Tartele Banoffee fără coacere 141
59. Sundae cu înghețată Banoffee 144
60. Brownie Toffee Fleac 146
61. Tort Bundt Banoffee cu nuci 148
62. Toffee Crunch Éclairs 150
63. Prajituri Toffee cu unt de arahide 153
64. Toffee englezesc 155
65. Plăcintă cu cremă de caramele 157
66. Fondue de caramel 159
67. Espresso Toffee Crunch Semifreddo 161
68. Parfaituri de cafea-toffee 163
69. Budincă de pâine Toffee 165
70. Batoane Toffee Cheesecake 167
71. Toffee Apple Crisp 169
72. Toffee Banana Split 171
73. Plăcintă Toffee Pecan 173

CONDIMENTE 175
74. Toffee Unt 176
75. Glazură Toffee Vanilie 178
76. Sos Toffee 180
77. Frișcă Toffee 182

78. Toffee cremă de brânză tartinată 184
79. Miere infuzată cu caramele 186
80. Glazură de caramel 188
81. Sirop de caramel 190
82. Crema de caramel 192
83. Sos pentru clătite Toffee 194

BĂUTURI **196**
84. Toffee Milkshake 197
85. Ceai Iced Toffee 199
86. Frappuccino Banoffee 201
87. Smoothie de cafea Banoffee 203
88. Smoothie cu proteine Banoffee 205
89. Cocktail Banoffee Blitz 207
90. Vin de orz și Toffee 209
91. Ceai Crème Brûlée Boba cu Toffee 211
92. Toffee Nut Latte 214
93. Toffee rusesc 216
94. Banoffee Pie Martini 218
95. Banoffee la modă veche 220
96. Milkshake Banoffee 222
97. Cocktail Banoffee Pie 224
98. Banoffee Pie Frappe 226
99. Ciocolata calda Banoffee 228
100. Banoffee Colada 230

CONCLUZIE **232**

INTRODUCERE

Bine ați venit la „CARTEA COMPLETĂ DE CATEGORIE CARAMELE", o călătorie delicioasă în lumea beatitudinii untoase și a dulceții irezistibile. Toffee, cu aroma sa bogată de caramel și crocant satisfăcător, a fost un răsfăț îndrăgit de generații, prețuit pentru gustul său indulgent și căldura reconfortantă. În această carte de bucate, vă invităm să explorați posibilitățile nesfârșite ale caramelului cu 100 de delicii tentante care vă vor încânta cu siguranță papilele gustative și vă vor satisface poftele. Toffee este un clasic al cofetăriilor care a trecut testul timpului, transcendend generații și culturi cu atractivitatea sa atemporală. Indiferent dacă este savurat ca o bomboană de sine stătătoare, încorporată în produse de patiserie sau folosit ca topping pentru deserturi, caramelul are o modalitate de a adăuga o notă de lux oricărei creații culinare.

În această colecție de rețete, vom explora arta de a face toffee de la zero, de la rețete tradiționale transmise de-a lungul veacurilor până la răsturnări inovatoare care împing limitele aromei și creativității. Indiferent dacă sunteți un producător de bomboane experimentat sau un novice în bucătărie, fiecare rețetă este concepută pentru a fi accesibilă, ușor de urmat și garantat să impresioneze. Dar „CARTEA COMPLETĂ DE CATEGORIE CARAMELE" este mai mult decât o simplă colecție de rețete – este o sărbătoare a răsfățului, a decadenței și a plăcerilor simple ale mâncării bune. Fie că vă răsfățați cu o gustare dulce, dacă împărtășiți cu cei dragi preparate de casă sau creați deserturi memorabile pentru ocazii speciale, caramelul are o modalitate de a aduce bucurie și confort în fiecare moment.

Așadar, fie că îți dorești un baton clasic de toffee, un sos de caramel cu unt sau un desert decadent cu infuzie de caramel, lasă „CARTEA COMPLETĂ DE CATEGORIE CARAMELE" să fie ghidul tău către beatitudinea cu unt. De la prima mușcătură topită în gură până la ultimul gust persistent de bunătate caramelizată, fie ca fiecare rețetă să vă tenteze cu alura sa irezistibilă și să vă lase pofta de mai mult.

MIC DEJUN

1. Banoffee Cruffins

INGREDIENTE:
PENTRU ALUATUL DE CREFIN:
- 1 cutie de aluat de croissant (disponibil la sectiunea frigorifica)
- 2 linguri de unt nesarat, topit
- ¼ cană zahăr brun
- 1 lingurita scortisoara macinata
- 1 banană coaptă, feliată subțire
- ¼ cană sos caramel sau sos caramel

PENTRU TOPING:
- ½ cană smântână groasă
- 1 lingura zahar pudra
- ½ linguriță extract de vanilie
- 1 banană mică, feliată
- Bucăți de caramel zdrobit (opțional)

INSTRUCȚIUNI:
a) Preîncălziți cuptorul conform instrucțiunilor din pachetul de aluat pentru croissant.
b) Deschideți conserva cu aluat de croissant și derulați-o. Separați triunghiurile.
c) Într-un castron mic, amestecați zahărul brun și scorțișoara măcinată.
d) Ungeți fiecare triunghi de croissant cu unt topit, apoi presărați-i generos cu amestecul de zahăr brun și scorțișoară.
e) Așezați câteva felii de banană coaptă pe capătul lat al fiecărui triunghi de croissant, apoi turnați puțin sos de caramel sau caramel peste feliile de banane.
f) Rulați fiecare triunghi de croissant de la capătul lat până la vârf, creând o formă de semilună. Asigurați-vă că sosul de banane și toffee sunt bine în interior.
g) Ungeți o formă de brioșe cu spray antiaderent sau unt.
h) Puneți fiecare croissant umplut într-una dintre ceștile de brioșe, asigurându-vă că capătul este ascuns pentru a preveni desfășurarea acestuia.

i) Coaceți în cuptorul preîncălzit conform instrucțiunilor de pe ambalaj pentru aluatul de croissant, de obicei până când sunt aurii și umflați.

j) În timp ce cruffin-urile se coc, faceți toppingul. Intr-un bol de mixare batem smantana grea pana se ingroasa. Adăugați zahărul pudră și extractul de vanilie și continuați să bateți până se formează vârfuri tari.

k) Odată ce s-au copt cruffinurile, lăsați-le să se răcească în tava pentru brioșe câteva minute, apoi transferați-le pe un grătar pentru a se răci complet.

l) Odată ce cruffinurile s-au răcit, puneți cu o lingură frișcă peste fiecare cruffin.

m) Ornați cu felii suplimentare de banană și bucăți de caramel zdrobit, dacă doriți.

n) Servește delicioasele tale Cruffins Banoffee și bucură-te!

2.Pâine cu banane cu caramel și stropi

INGREDIENTE:
- 1 baton de unt topit
- ½ cană de zahăr granulat
- ½ cană de zahăr brun la pachet
- 1 lingura de extract de vanilie
- 2 oua
- 2 căni de făină universală
- 1 lingurita de bicarbonat de sodiu
- ½ linguriță de sare
- 1 (5 uncii) recipient de iaurt grecesc
- 3 banane foarte coapte
- 1 cană de biți de caramel
- ½ cană de stropi colorate
- Modul Cook: împiedicați ecranul să se întunece

INSTRUCȚIUNI:

a) Preîncălziți cuptorul la 350°F și ungeți generos o tavă de 9x5.

b) Începeți prin a topi untul. Într-un castron încăpător, combinați untul topit, zahărul granulat și zahărul brun. Adăugați extractul de vanilie și ouăle, amestecând până se încorporează.

c) Într-un castron mic separat, amestecați făina universală, bicarbonatul de sodiu și sarea. Adăugați treptat aceste ingrediente uscate la amestecul umed, amestecând până când se combină.

d) Încorporați ușor bananele coapte, iaurtul grecesc, bucățile de caramel și ¼ de cană de stropi colorate. Se toarnă aluatul în tava pregătită și se presară deasupra restul de stropi.

e) Coacem 55-65 de minute sau pana cand o scobitoare introdusa in centru iese curata. Bucurați-vă!

3.Torte scurte cu piersici și caramele

INGREDIENTE:
- 2 căni de făină universală
- 1/4 cană zahăr granulat
- 1 lingura praf de copt
- 1/2 lingurita sare
- 1/2 cana unt nesarat, rece si taiat cubulete
- 3/4 cană zară
- 1 lingurita extract de vanilie
- 2 cani de piersici feliate
- Sos de toffee
- Frisca, pentru servire

INSTRUCȚIUNI:
a) Preîncălziți cuptorul la 425°F (220°C).
b) Într-un castron mare, amestecați făina, zahărul, praful de copt și sarea.
c) Adăugați untul rece tăiat cubulețe la ingredientele uscate. Folosiți un tăietor de patiserie sau degetele pentru a tăia untul în amestecul de făină până seamănă cu firimituri grosiere.
d) Faceți un godeu în centrul amestecului și turnați zara și extractul de vanilie. Se amestecă până când se combină.
e) Întoarceți aluatul pe o suprafață cu făină și frământați-l ușor de câteva ori până se îmbină.
f) Tapeți aluatul într-o rotundă de 1 inch grosime și tăiați prăjiturile scurte folosind un tăietor de biscuiți.
g) Puneți prăjiturile scurte pe o foaie de copt tapetată cu hârtie de copt.
h) Coaceți timp de 12-15 minute sau până când se rumenesc.
i) Scoatem din cuptor si lasam sa se raceasca putin.
j) Taiati prajiturile scurte in jumatate pe orizontala. Umple-le cu piersici feliate. Stropiți piersici cu sos de toffee.
k) Acoperiți cu frișcă și puneți deasupra cealaltă jumătate de shortcake.
l) Stropiți mai mult sos de toffee peste prăjiturile asamblate.
m) Serviți și bucurați-vă!

4.Banoffee Waffle

INGREDIENTE:
- 2 banane
- 25 g unt nesarat
- 30 g zahăr brun
- 2 vafe belgiene
- 1 lingură de înghețată Banoffee Crunch
- 1 lingură de înghețată de caramel
- 15 g frisca
- 20g dulce de leche
- 15 g sos de ciocolata
- 2 baruri Cadbury
- 3 căpșuni proaspete

INSTRUCȚIUNI:
BANANE:
a) Curățați și feliați bananele.
b) Intr-o tigaie topim untul nesarat la foc mediu.
c) Adăugați zahărul brun în untul topit și amestecați până când zahărul se dizolvă.
d) Adăugați feliile de banană în tigaie și gătiți până se caramelizează, întorcându-le din când în când. Acest lucru ar trebui să dureze aproximativ 3-5 minute. Pus deoparte.

VAFE:
e) Prăjiți vafele belgiene conform instrucțiunilor de pe ambalaj sau până când sunt aurii și crocante.
f) Puneți o vafe prăjite pe o farfurie de servire.
g) Întindeți peste vafe un strat de banane caramelizate.
h) Pune o lingură de înghețată Banoffee crunch și o cupă de înghețată de caramel caramel deasupra bananelor caramelizate.
i) Peste inghetata se pune frisca.
j) Peste frișca se stropește dulce de leche și sos de ciocolată.
k) Rupeți batoanele Cadbury în bucăți mici și presărați-le peste vafe.

CĂPȘUNE:
l) Spălați și feliați căpșunile proaspete.
m) Aranjați feliile de căpșuni deasupra vafei.
n) Serviți vafa Banoffee imediat cât vafa este încă caldă și înghețata este ușor topită.

5.Pâine Toffee Fagure

INGREDIENTE:
- 3 căni de făină universală
- 2 lingurite drojdie uscata activa
- 1 lingurita sare
- 2 linguri miere
- 1 cană apă caldă
- ¼ cană unt topit
- ½ cană de caramel de fagure mărunțit (opțional)

INSTRUCȚIUNI:
a) Într-un castron mare, combinați făina, drojdia și sarea.
b) Într-un castron separat, amestecați mierea și apa călduță până când mierea se dizolvă.
c) Turnați amestecul de miere-apă în amestecul de făină și amestecați bine pentru a forma un aluat.
d) Framantam aluatul pe o suprafata usor infainata pentru aproximativ 5-7 minute, pana se omogenizeaza si elastic.
e) Pune aluatul într-un vas uns cu unt, se acoperă cu un prosop curat de bucătărie și se lasă la crescut la loc cald timp de aproximativ 1 oră sau până când își dublează volumul.
f) Preîncălziți cuptorul la 375 ° F (190 ° C).
g) Tăiați aluatul crescut și modelați-l într-o pâine.
h) Puneți pâinea într-o tavă unsă cu unt și ungeți blatul cu unt topit.
i) Presărați caramelul de fagure zdrobit peste partea de sus a pâinii, apăsând-o ușor în aluat.
j) Coaceți pâinea în cuptorul preîncălzit timp de 25-30 de minute sau până când se rumenește.
k) Scoateți pâinea din cuptor și lăsați-o să se răcească pe un grătar înainte de a tăia și a servi.

6.Rulouri Toffee Scorțișoară

INGREDIENTE:
- 1 pachet (8 uncii) rulouri semilună refrigerate
- 1/4 cană biți de caramel
- 2 linguri de unt, topit
- 1/4 cană zahăr brun
- 1 lingurita scortisoara macinata

INSTRUCȚIUNI:
a) Preîncălziți cuptorul la 375°F (190°C) și ungeți o tavă de copt.
b) Desfășurați aluatul pentru rulada semilună pe o suprafață curată și despărțiți-l în triunghiuri.
c) Într-un castron mic, amestecați bucățile de caramel, untul topit, zahărul brun și scorțișoara.
d) Întindeți uniform amestecul de toffee peste fiecare triunghi de aluat.
e) Rulați fiecare triunghi, începând de la capătul lat, și puneți-le în vasul de copt pregătit.
f) Coaceți timp de 12-15 minute, sau până când se rumenesc.
g) Serviți cald și bucurați-vă de aceste rulouri de scorțișoară Toffee lipicioase la micul dejun!

7.Briose Toffee cu mere

INGREDIENTE:
- 2 căni de făină universală
- 1/2 cană zahăr granulat
- 1 lingura praf de copt
- 1/2 lingurita sare
- 1/2 cana unt nesarat, topit
- 2 ouă mari
- 1 cană lapte
- 1 lingurita extract de vanilie
- 1 cană mere tăiate cubulețe
- 1/2 cană biți de caramel

INSTRUCȚIUNI:
a)   Preîncălziți cuptorul la 375 ° F (190 ° C) și tapetați o tavă de brioșe cu folii de hârtie.
b)   Într-un castron mare, amestecați făina, zahărul, praful de copt și sarea.
c)   Într-un castron separat, amestecați untul topit, ouăle, laptele și extractul de vanilie.
d)   Turnați ingredientele umede în ingredientele uscate și amestecați până se omogenizează.
e)   Încorporați merele tăiate cubulețe și bucățile de caramel.
f)   Împărțiți aluatul uniform între cupele de brioșe.
g)   Coaceți 18-20 de minute, sau până când o scobitoare introdusă în centru iese curată.
h)   Lăsați brioșele să se răcească puțin înainte de servire. Bucurați-vă de aceste brioșe delicioase Toffee Apple pentru un răsfăț dulce de mic dejun!

8.Clatite Toffee cu zara

INGREDIENTE:
- 1 cană de făină universală
- 1 lingura zahar granulat
- 1 lingurita praf de copt
- 1/2 lingurita de bicarbonat de sodiu
- 1/4 lingurita sare
- 1 cană de zară
- 1 ou mare
- 2 linguri de unt nesarat, topit
- 1/2 cană biți de caramel

INSTRUCȚIUNI:
a) Într-un castron mare, amestecați făina, zahărul, praful de copt, bicarbonatul de sodiu și sarea.
b) Într-un castron separat, amestecați zara, oul și untul topit.
c) Turnați ingredientele umede în ingredientele uscate și amestecați până se omogenizează.
d) Îndoiți bucățile de caramel.
e) Se încălzește o tigaie ușor unsă sau o grătar la foc mediu.
f) Turnați 1/4 cană de aluat în tigaie pentru fiecare clătită.
g) Gatiti pana se formeaza bule la suprafata, apoi intoarceti si gatiti pana se rumenesc pe cealalta parte.
h) Serviți cald cu sirop de arțar și bucăți suplimentare de caramel presărate deasupra. Bucurați-vă de aceste clătite Toffee indulgente la micul dejun!

9. Toffee Scorțișoară Făină de ovăz

INGREDIENTE:
- 1 cană de ovăz de modă veche
- 2 căni de apă
- Vârf de cuțit de sare
- 1/4 cană biți de caramel
- 2 linguri de zahar brun
- 1/4 lingurita de scortisoara macinata
- 1/4 cană lapte

INSTRUCȚIUNI:
a) Într-o cratiță mică, aduceți apa și sarea la fiert.
b) Se amestecă ovăzul și se reduce focul la mic. Gatiti, amestecand ocazional, timp de 5 minute.
c) Se amestecă bucățile de caramel, zahărul brun și scorțișoara măcinată.
d) Gatiti inca 2-3 minute sau pana cand fulgii de ovaz ajung la consistenta dorita.
e) Se ia de pe foc si se amesteca laptele.
f) Servește cald și bucură-te de acest fulgi de ovăz Toffee reconfortant pentru un mic dejun delicios!

10. Toffee French Toast

INGREDIENTE:
- 4 felii de pâine groasă (cum ar fi brioșă sau pâine prăjită Texas)
- 2 ouă mari
- 1/2 cană lapte
- 1 lingurita extract de vanilie
- 1/4 lingurita de scortisoara macinata
- Vârf de cuțit de sare
- Unt pentru gătit
- 1/4 cană biți de caramel
- Sirop de arțar pentru servire

INSTRUCȚIUNI:
a) Într-un vas puțin adânc, amestecați ouăle, laptele, extractul de vanilie, scorțișoara măcinată și sarea.
b) Înmuiați fiecare felie de pâine în amestecul de ouă, asigurându-vă că este bine acoperită pe ambele părți.
c) Încinge o tigaie sau grătar la foc mediu și topește o bucată de unt.
d) Puneți feliile de pâine scufundate pe tigaie și gătiți până când se rumenesc pe ambele părți, aproximativ 2-3 minute pe fiecare parte.
e) Transferați pâinea prăjită gătită în farfurii de servire.
f) Stropiți fiecare felie cu bucăți de caramel și stropiți cu sirop de arțar.
g) Serviți cald și bucurați-vă de aceste decadente felii de Toffee French Toast la micul dejun!

11.Toffee Iaurt Parfait

INGREDIENTE:
- 1 cană iaurt grecesc
- 1/4 cană biți de caramel
- 1/4 cană granola
- 1/4 cană de fructe proaspete feliate (cum ar fi banane, căpșuni sa piersici)
- stropi de miere (optional)

INSTRUCȚIUNI:
a) Într-un pahar sau un castron de servire, așezați iaurt grecesc bucăți de caramel, granola și fructe proaspete feliate.
b) Repetați straturile până când paharul sau vasul este umplut.
c) Stropiți cu miere dacă doriți.
d) Serviți imediat și bucurați-vă de acest Parfait de iaurt Toffe simplu, dar satisfăcător la micul dejun!

12.Clatite Toffee Banana

INGREDIENTE:
- 1 cană de făină universală
- 1 lingura zahar granulat
- 1 lingurita praf de copt
- 1/2 lingurita de bicarbonat de sodiu
- 1/4 lingurita sare
- 1 cană de zară
- 1 ou mare
- 2 linguri de unt nesarat, topit
- 1 banană coaptă, piure
- 1/4 cană biți de caramel

INSTRUCȚIUNI:

a) Într-un castron mare, amestecați făina, zahărul, praful de copt, bicarbonatul de sodiu și sarea.

b) Într-un alt castron, amestecați zara, oul și untul topit până se omogenizează bine.

c) Turnați ingredientele umede în ingredientele uscate și amestecați până se omogenizează.

d) Încorporați piureul de banane și bucățile de caramel.

e) Încingeți o tigaie sau grătar la foc mediu și ungeți ușor cu unt sau spray de gătit.

f) Turnați 1/4 cană de aluat în tigaie pentru fiecare clătită.

g) Gatiti pana se formeaza bule la suprafata, apoi intoarceti si gatiti pana se rumenesc pe cealalta parte.

h) Serviți cald cu sirop de arțar și bucăți suplimentare de caramel presărate deasupra. Bucurați-vă de aceste clătite aromate Toffee Banana la micul dejun!

13.Mic dejun Toffee Quesadillas

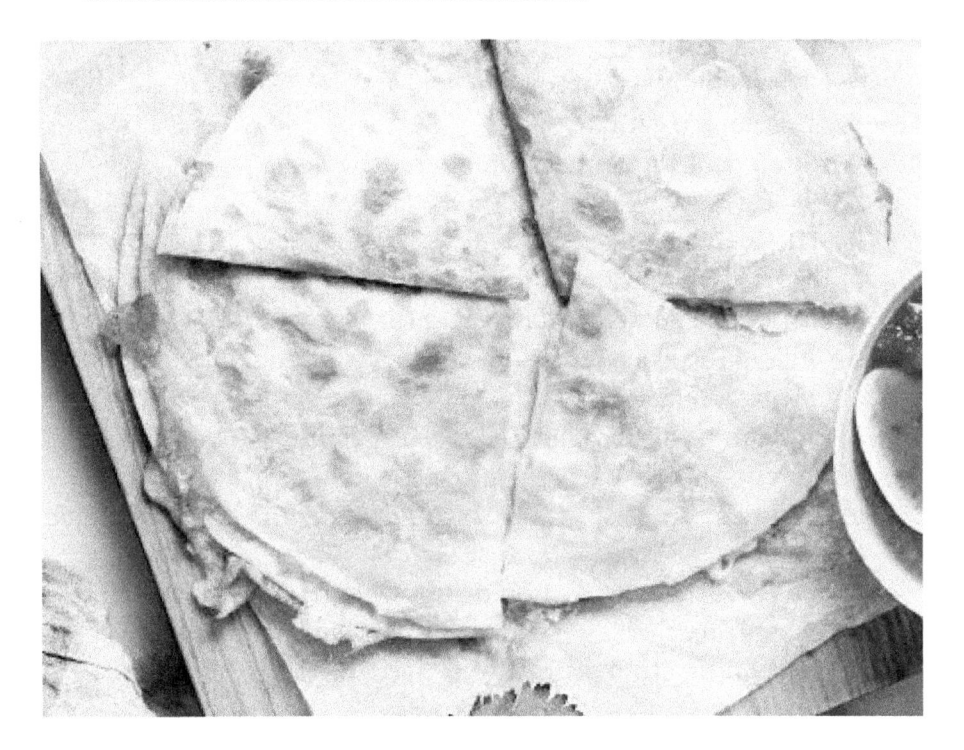

INGREDIENTE:
- 4 tortilla mari de făină
- 1 cană brânză cheddar mărunțită
- 1/2 cană biți de caramel
- Unt pentru gătit
- Sirop de arțar pentru scufundare

INSTRUCȚIUNI:

a) Presărați brânză cheddar mărunțită și bucăți de caramel în mod uniform peste jumătate din fiecare tortilla.

b) Îndoiți tortilla în jumătate pentru a cuprinde umplutura.

c) Încinge o tigaie sau grătar la foc mediu și topește o bucată de unt.

d) Așezați tortilla umplute pe tigaie și gătiți până devin maro auriu și crocant pe ambele părți, răsturnând la jumătate.

e) Se ia de pe foc si se lasa sa se raceasca un minut inainte de a se taia in felii.

f) Se servește cald cu sirop de arțar pentru scufundare. Bucurați-vă de aceste quesadillas unice și gustoase de mic dejun cu caramele pentru o întorsătură distractivă la micul dejun!

14. Briose Toffee B Uttermilk

INGREDIENTE:
- 1 1/2 cani de faina universala
- 1/2 cană zahăr granulat
- 1 lingurita praf de copt
- 1/2 lingurita de bicarbonat de sodiu
- 1/4 lingurita sare
- 1 cană de zară
- 1/4 cana unt nesarat, topit
- 1 ou mare
- 1 lingurita extract de vanilie
- 1/2 cană biți de caramel

INSTRUCȚIUNI:
a) Preîncălziți cuptorul la 375 ° F (190 ° C) și tapetați o tavă de brioșe cu folii de hârtie.
b) Într-un castron mare, amestecați făina, zahărul, praful de copt, bicarbonatul de sodiu și sarea.
c) Într-un alt castron, amestecați zara, untul topit, oul și extractul de vanilie până se combină bine.
d) Turnați ingredientele umede în ingredientele uscate și amestecați până se omogenizează.
e) Îndoiți bucățile de caramel.
f) Împărțiți aluatul uniform între cupele de brioșe.
g) Coaceți 18-20 de minute, sau până când o scobitoare introdusă în centru iese curată.
h) Lăsați brioșele să se răcească puțin înainte de servire. Bucurați-vă de aceste brioșe umede și aromate pentru mic dejun Toffee cu cafeaua sau ceaiul de dimineață!

15.Toffee Caramel Făină de ovăz

INGREDIENTE:
- 1 cană de ovăz rulat
- 1 3/4 cani de lapte (sau apa pentru o varianta mai usoara)
- Vârf de cuțit de sare
- 2 linguri bucati de caramel
- 2 linguri sos caramel
- Toppinguri optionale: banane feliate, nuci tocate, suplimentar sos de caramel

INSTRUCȚIUNI:
a) Într-o cratiță, puneți la fiert laptele (sau apa) și sarea.
b) Se amestecă fulgiul de ovăz și se reduce focul la fiert.
c) Gătiți ovăzul conform instrucțiunilor de pe ambalaj până devine cremos și fraged.
d) Odată fiert, adăugați bucățile de caramel și sosul de caramel până se combină bine.
e) Serviți fierbinte, acoperit cu banane feliate, nuci tăiate și un strop de sos de caramel suplimentar, dacă doriți. Bucurați-vă de această făină de ovăz Toffee Caramel pentru un mic dejun reconfortant!

16.Granola cu migdale caramelizate

INGREDIENTE:
- 3 căni de ovăz de modă veche
- 1 cană migdale feliate
- 1/4 cană biți de caramel
- 1/4 cană miere
- 2 linguri ulei de cocos, topit
- 1 lingurita extract de vanilie
- Vârf de cuțit de sare

INSTRUCȚIUNI:
a) Preîncălziți cuptorul la 325 ° F (160 ° C) și tapetați o tavă de copt cu hârtie de copt.
b) Într-un castron mare, combinați ovăzul, migdalele feliate și bucățile de caramel.
c) Într-un castron mic, amestecați mierea, uleiul de cocos topit, extractul de vanilie și sarea.
d) Turnați ingredientele umede peste ingredientele uscate și amestecați până când sunt acoperite uniform.
e) Întindeți amestecul uniform pe foaia de copt pregătită.
f) Coaceți timp de 25-30 de minute, amestecând la jumătate, până devin maro auriu și crocanți.
g) Lăsați granola să se răcească complet pe foaia de copt înainte de a o rupe în ciorchini.
h) Păstrați într-un recipient ermetic și bucurați-vă de această granola crocantă și aromată Toffee Almond cu iaurt sau lapte la micul dejun!

17. Briose Toffee Banana Bread

INGREDIENTE:
- 1 1/2 cani de faina universala
- 1 lingurita praf de copt
- 1/2 lingurita de bicarbonat de sodiu
- 1/4 lingurita sare
- 3 banane coapte, piure
- 1/2 cană zahăr granulat
- 1/4 cana unt nesarat, topit
- 1 ou mare
- 1 lingurita extract de vanilie
- 1/4 cană biți de caramel

INSTRUCȚIUNI:
a) Preîncălziți cuptorul la 350°F (175°C) și tapetați o tavă de brioșe cu folii de hârtie.
b) Într-un castron mare, amestecați făina, praful de copt, bicarbonatul de sodiu și sarea.
c) Într-un alt castron, amestecați piureul de banane, zahărul, untul topit, oul și extractul de vanilie până se combină bine.
d) Turnați ingredientele umede în ingredientele uscate și amestecați până se omogenizează.
e) Îndoiți bucățile de caramel.
f) Împărțiți aluatul uniform între cupele de brioșe.
g) Coaceți 18-20 de minute, sau până când o scobitoare introdusă în centru iese curată.
h) Lăsați brioșele să se răcească puțin înainte de servire. Bucurați-vă de aceste brioșe delicioase Toffee Banana Bread ca un mic dejun sau o gustare gustoasă!

18. Toffee Apple Mic dejun Cobbler

INGREDIENTE:
- 4 căni de mere feliate (cum ar fi Granny Smith sau Honeycrisp)
- 1 lingura suc de lamaie
- 1/4 cană zahăr granulat
- 1/2 lingurita de scortisoara macinata
- 1 cană de făină universală
- 1/2 cană zahăr granulat
- 1 lingurita praf de copt
- 1/4 lingurita sare
- 1/2 cana unt nesarat, topit
- 1/4 cană biți de caramel

INSTRUCȚIUNI:
a) Preîncălziți cuptorul la 375°F (190°C) și ungeți o tavă de copt.
b) Într-un castron mare, amestecați merele tăiate felii cu suc de lămâie, zahăr granulat și scorțișoară măcinată până când sunt bine acoperite.
c) Întindeți amestecul de mere uniform în vasul de copt pregătit.
d) Într-un alt bol, combinați făina, zahărul granulat, praful de copt și sarea.
e) Se amestecă untul topit până când amestecul seamănă cu firimituri grosiere.
f) Îndoiți bucățile de caramel.
g) Presărați uniform amestecul de pesmet peste merele din vasul de copt.
h) Coaceți timp de 30-35 de minute, sau până când toppingul este maro auriu și merele sunt fragede.
i) Se serveste cald, optional cu o lingura de inghetata de vanilie sau o lingura de frisca. Bucurați-vă de acest delicios Toffee Apple Breakfast Cobbler pentru un răsfăț confortabil de dimineață!

Gustări și bomboane

19.Ciocolată- Toffee Cracker Crunch

INGREDIENTE:
- 1,5 mâneci de biscuiți sărați sau 6-8
- foi de matzoh (suficient pentru a umple o foaie de copt de 11 x 17)
- 1 baton (8 linguri) unt
- 1 cană de zahăr brun închis
- 2 căni de ciocolată dulce-amăruie
- 1 linguriță sare de mare, plus mai multă pentru stropire

INSTRUCȚIUNI:
a) Preîncălziți cuptorul la 350°F. Puneți sărațile într-o tavă de copt tapetată, având grijă să le potriviți cât mai strâns. Spargeți salinul pentru a se potrivi pe margini sau pentru a umple orice găuri. Pune deoparte bucățile rupte pentru mai târziu.
b) Într-o cratiță mică, topește untul și zahărul împreună la foc mediu, amestecând din când în când, pentru ca caramelul să nu se ardă. Se încălzește caramelul la fierbere și se fierbe timp de 2 minute. Se amestecă sarea și apoi se toarnă peste biscuiți, întinzându-le cu o spatulă rezistentă la căldură pentru a acoperi orice pete ratate (toffee-ul se îngroașă foarte repede, așa că asigurați-vă că faceți acest lucru rapid).
c) Coaceți biscuiții de toffee timp de 10 minute, până când caramelul clocotește. Scoateți din cuptor și răciți timp de 1 minut.
d) Presărați fulgii de ciocolată peste toffee fierbinte. Lasă-le să stea câteva minute, până încep să se topească. Întindeți ciocolata peste toffee într-un strat uniform. Zdrobiți bucățile de sare rămase în firimituri mici (sau zdrobiți 5-7 sărați în firimituri) și presărați peste ciocolată cât este fierbinte. De asemenea, puteți presăra puțină sare de mare peste ciocolată.
e) Răciți biscuiții până se întărește ciocolata.
f) Se rupe în bucăți și se păstrează într-un recipient ermetic până la o săptămână.

20.Batoane cu nuci caramelizate

INGREDIENTE:
- 1 cutie de amestec de tort cu ciocolata
- 3 linguri untul inmuiat
- 1 ou
- 14 uncii lapte condensat îndulcit
- 1 ou
- 1 lingurita extract pur de vanilie
- 1/2 cană nuci măcinate fin
- 1/2 cană biți de caramel măcinat fin

INSTRUCȚIUNI:
a) Preîncălziți cuptorul la 350.
b) Pregătiți tava dreptunghiulară pentru tort cu spray de gătit apoi lăsați deoparte.
c) Combinați amestecul de tort, untul și un ou într-un castron, apoi amestecați până se sfărâmicează.
d) Apăsați amestecul pe fundul tăvii pregătite, apoi puneți deoparte.
e) Într-un alt bol de amestecare, combinați laptele, oul rămas, extractul, nucile și bucățile de caramel.
f) Se amesteca bine si se toarna peste baza in tava.
g) Coaceți timp de 35 de minute.

21. Toffee Caju Treasures

INGREDIENTE:
- 1 cană unt, înmuiat
- 1 cană zahăr
- 1 cană de zahăr brun la pachet
- 2 oua
- 1 lingurita extract de vanilie
- 2 căni de făină universală
- 2 căni de ovăz de modă veche
- 1 lingurita de bicarbonat de sodiu
- 1/2 lingurita praf de copt
- 1/2 lingurita sare
- 1 cană nucă de cocos mărunțită îndulcită
- 1 cană de ciocolată cu lapte biți de caramel englezesc sau biți de caramel de cărămidă
- 1 cană caju tocate, prăjite

INSTRUCȚIUNI:
a) Crema zaharurile si untul intr-un castron mare pana devin pufoase si usoare. Se pun ouale, unul cate unul, batand bine dupa fiecare adaugare. Se bate cu vanilie.
b) Amestecați sarea, praful de copt, bicarbonatul de sodiu, ovăzul și făina; se adaugă încet la amestecul de smântână și se amestecă bine. Amestecați restul ingredientelor.
c) Pe foile de copt neunsate, aruncați cu linguri rotunjite la 3 inci una de alta. Coaceți la 350 ° până se rumenesc ușor, 12 până la 14 minute.
d) Lăsați să se răcească timp de 2 minute înainte de a fi scos pe rafturi.

22.Batoane de cereale Toffee

INGREDIENTE:
- 2 căni de ovăz rulat
- 1 cană de cereale crocante de orez
- 1/2 cană biți de caramel
- 1/2 cana nuci tocate (cum ar fi migdale sau nuci pecan)
- 1/2 cană miere
- 1/2 cană unt de arahide cremos
- 1 lingurita extract de vanilie

INSTRUCȚIUNI:
a) Preîncălziți cuptorul la 350 ° F (175 ° C) și tapetați o tavă de copt cu hârtie de copt.
b) Într-un castron mare, combinați ovăzul, cerealele crocante de orez, bucățile de caramel și nucile mărunțite.
c) Într-o cratiță mică, încălziți mierea și untul de arahide la foc mediu până se topesc și se combină bine.
d) Se ia de pe foc si se adauga extractul de vanilie.
e) Se toarnă amestecul de miere-unt de arahide peste ingredientele uscate și se amestecă până când se îmbină uniform.
f) Apăsați bine amestecul în vasul de copt pregătit.
g) Coaceți timp de 15-20 de minute, sau până când se rumenesc.
h) Lăsați să se răcească complet înainte de a tăia în batoane. Bucurați-vă de aceste batoane de mic dejun crocante și satisfăcătoare Toffee din mers!

23.Batoane de toffee Toblerone

INGREDIENTE:
- 1 cană de unt
- 1 cană zahăr brun
- 1 ou
- 1 lingura Vanilie
- 2 căni de făină
- ½ lingurita Sare
- 6 batoane Toblerone
- Nuci

INSTRUCȚIUNI:
a) Cremă de unt; adauga zahar; crema pana devine usoara si pufoasa.
b) Adăugați oul și vanilia, făina și sarea. Amesteca bine. Se întinde într-o tavă de 10 x 15 inch unsă și făinată.
c) Se coace la 350 de grade timp de 10 minute.
d) Scoateți din cuptor și puneți deasupra batoane toblerone.
e) Reveniți la cuptor, când batoanele sunt topite, se întinde.
f) Se presară cu nuci și se taie în batoane.

24.Popcorn cu migdale Toffee

INGREDIENTE:
- 1 cană de zahăr
- ½ cană de unt
- ½ cană sirop de porumb alb
- ¼ cană apă
- 1 cană migdale; tocat si prajit
- ½ lingurita de vanilie
- ½ cană popcorn popcorn

INSTRUCȚIUNI:
a) Într-o cratiță grea, combina zahărul, untul, siropul de porumb, apa și migdalele.
b) Gatiti la foc moderat la 280~ pe un termometru pentru bomboane.
c) Adăugați vanilia. Se amestecă bine și se toarnă peste porumbul pop.

25.Batoanele de caramel Hershey's

INGREDIENTE:
- 1 cană de unt
- 1 cană zahăr brun
- 1 ou
- 1 lingura de vanilie
- 2 cani de faina
- ½ lingurita Sare
- 6 baruri Hershey
- Nuci

INSTRUCȚIUNI:
a) Cremă de unt; adauga zahar; crema pana devine usoara si pufoasa.
b) Adăugați oul și vanilia, făina și sarea. Amesteca bine. Se întinde într-o tavă de 10 x 15 inch unsă și făinată.
c) Se coace la 350 de grade timp de 10 minute.
d) Scoateți din cuptor și puneți deasupra batoanele Hershey.
e) Se pune la cuptor, când batoanele sunt topite, se întinde.
f) Se presară cu nuci. Tăiați în batoane.

26.Biscuiți Banoffee cu picătură de espresso

INGREDIENTE:
cookie-uri:
- 1 cană de ovăz rulat
- ¾ cană făină de migdale
- 1 lingurita pudra espresso macinata
- ½ lingurita de scortisoara macinata
- ½ lingurita de bicarbonat de sodiu
- ¼ linguriță sare kosher
- 1 ou mare
- ¼ cană ulei de măsline extravirgin
- 2 linguri de zahăr turbinado
- 2 banane (1 piure, 1 feliat)

Glazura de unt de migdale espresso:
- 2 linguri de unt de migdale neted
- 2 linguri de espresso fierbinte sau cafea tare fierbinte
- 2 linguri de zahăr turbinado

INSTRUCȚIUNI:
cookie-uri:
a) Preîncălziți cuptorul la 350°F. Tapetați o tavă mare de copt cu hârtie de copt.
b) Într-un castron mare, combinați ovăzul, făina de migdale, pudra espresso, scorțișoara, bicarbonatul de sodiu și sarea.
c) Într-un castron mai mic, bateți ușor oul. La ou, adaugă uleiul, zahărul, 1 piure de banană, untul de migdale și extractul de vanilie, amestecând până se omogenizează bine.
d) Se toarnă ingredientele lichide în cea uscată și se bate doar până se omogenizează. Încorporați 1 banană feliată, nucile (opțional) și stafidele (opțional).
e) Puneți aluatul în linguri pline pe foaia de copt pregătită pentru a face opt fursecuri mari. Spați fursecurile la 2 inci și folosește-ți degetele pentru a le forma rondele.
f) Coaceți fursecurile timp de 13 până la 15 minute până devin maro auriu. Lăsați fursecurile să stea pe tava de copt timp de 5 minute, apoi transferați-le pe un grătar pentru a se răci complet.
Glazura de unt de migdale espresso:

g) Într-un castron mic, combinați untul de migdale, espressoul sau cafeaua fierbinte și zahărul, amestecând până la omogenizare.

h) Transferați amestecul într-o pungă de plastic pentru sandviș și tăiați un vârf mic dintr-unul dintre colțuri pentru a face o pungă.

i) Stropiți glazura peste fursecuri.

j) Biscuiții se vor păstra într-un recipient ermetic timp de 1 zi sau în frigider până la 3 zile.

27.Mușcături de plăcintă Banoffee

INGREDIENTE:
CRUSTĂ:
- 1 cană firimituri de biscuiți Graham (aproximativ 8 foi întregi)
- 4 linguri de unt, topit

UMPLERE:
- 16 curmale medjool, fără sâmburi
- ½ lingurita sare
- 1 lingurita extract de vanilie
- ¾ cană lapte (se poate adăuga până la ¼ cană în plus dacă este necesar)

TOPING:
- 2 banane medii, feliate
- 1 cana frisca (cu cat mai groasa, cu atat mai bine)
- ½ cană așchii de ciocolată (opțional)

INSTRUCȚIUNI:
CRUSTĂ:
a) Preîncălziți cuptorul la 350°F.
b) Într-un robot de bucătărie, adăugați biscuiți graham și pulsați până se formează firimituri fine și toate bucățile sunt mărunțite. Adăugați untul topit și pulsați până se omogenizează.
c) Pune 1 lingură din amestec în fiecare ceașcă de mini brioșe. Apăsați ferm pe fund și pe părțile laterale până când se formează o crustă. Coaceți timp de 6 până la 8 minute sau până când se fixează.

UMPLERE:
d) Adăugați toate ingredientele într-un robot de bucătărie și amestecați până când amestecul este omogen și nu există bucăți de curmale detectabile. Adăugați mai mult lapte, câte 1-2 linguri, dacă amestecul este prea gros.
e) Pune 1-2 linguri de amestec de caramel în fiecare ceașcă de biscuit Graham. Puneți o felie de banană deasupra caramelului.

TOPING:
f) Puneți frișca pe partea de sus a fiecărei cești Banoffee. Presărați cu așchii de ciocolată și adăugați ½ felie de banană pe verticală în frișcă, ca garnitură.
g) Dacă nu serviți imediat, așteptați să adăugați ultima felie de banană până când este gata de servire pentru a preveni rumenirea.

28. Choc Banoffee Filo Stack

INGREDIENTE:
- 45 g (¼ cană) alune de pădure, tocate mărunt, plus plus pentru servire
- 2 lingurițe de nucă de cocos sau zahăr brun
- ½ lingurita de scortisoara macinata
- 8 foi de aluat filo
- Cada 375 g ricotta netedă
- 2 cuve de 150 g Fructe cu boabe de vanilie
- 2 lingurite extract de vanilie
- 1 lamaie, coaja rasa fin
- 2 lingurite pudra de cacao
- 3 banane mari, feliate subțiri
- Bucuri de cacao, de presarat
- Sirop de cocos, de servit

INSTRUCȚIUNI:

a) Preîncălziți cuptorul la 190C/170C forțat de ventilator. Combinați nucile, zahărul și scorțișoara într-un castron. Tapetati 3 tăvi de copt cu hârtie de copt.

b) Pune o foaie de aluat filo pe o suprafață de lucru și stropește cu ulei. Stropiți cu puțin amestec de nuci. Puneți o altă foaie filo deasupra. Continuați să stratificați cu ulei, amestec de nuci și filo până când aveți 4 straturi. Repetați cu amestecul rămas de filo, ulei și nuci pentru a face un alt teanc de 4 straturi. Tăiați fiecare stivă în 12 pătrate și puneți-le pe tăvi pregătite. Coaceți timp de 10 minute sau până devin aurii. Se lasa sa se raceasca.

c) Combinați ricotta, Frûche, vanilia și coaja de lămâie într-un castron. Împărțiți amestecul în 2 boluri. Adăugați cacao într-un bol și amestecați pentru a se combina. Învârtiți ușor amestecurile împreună Top 4 pătrate cu niște amestec de ricotta, banane, sâmburi de cacao și nuci suplimentare. Stivuiți pătratele de deasupra unul peste altul. Repetați cu ingredientele rămase pentru a face 6 teancuri în total.

d) Stropiți cu sirop de cocos. Serviți imediat.

29.Tartele Banoffee

INGREDIENTE:
ALUAT DE TARTELE:
- 56 g (¼ cană) unt nesărat, la temperatura camerei
- 50 g (¼ cană) zahăr granulat
- 1 galbenus de ou mare, la temperatura camerei
- 94 g (¾ cană) făină universală
- ¼ lingurita sare

SOS CARAMEL:
- 1 cană (200 g) zahăr granulat
- ½ cană (113 g) unt nesărat, tăiat cubulețe
- ½ lingurita sare
- 1½ linguriță extract pur de vanilie
- 1 cană (240 ml) smântână groasă, la temperatura camerei

ASAMBLARE:
- 1 banană, tăiată în felii
- 1 cana frisca
- Puține bucle sau așchii de ciocolată

INSTRUCȚIUNI:
ALUAT DE TARTELE:
a) Într-un castron mare, bateți untul nesărat și zahărul granulat până devine cremos.
b) Adăugați gălbenușul de ou și bateți până se omogenizează.
c) Într-un castron separat, amestecați făina universală și sarea.
d) Adăugați ingredientele uscate la ingredientele umede și amestecați până se sfărâmiciază.
e) Frământați aluatul până la omogenizare, apoi lăsați-l la frigider pentru cel puțin 30 de minute sau peste noapte.
f) Preîncălziți cuptorul la 350ºF (177ºC) și ungeți trei tavi pentru tartale.
g) Întindeți aluatul și tapetați tavile pentru tartale.
h) Coaceți la orb tartelele până se rumenesc.
i) Lăsați cojile să se răcească complet înainte de a le scoate din tigaie.

SOS CARAMEL:
j) Într-o cratiță cu fundul greu, topește zahărul la foc mediu-mic.
k) Se amestecă continuu până se topește tot zahărul.

l) Adăugați cuburile de unt, câte două și amestecați energic.
m) Adăugați sarea și vanilia, amestecând bine.
n) Se adauga treptat smantana, amestecand energic.
o) Transferați caramelul într-un borcan de sticlă și lăsați-l să se răcească complet.

ASAMBLARE:
p) Adăugați o lingură de sos de caramel pe fundul tartelelor.
q) Acoperiți cu felii de banană.
r) Adăugați frișcă și așchii de ciocolată.
s) Răciți înainte de servire.

30.Cupcakes Banoffee

INGREDIENTE:
PENTRU CUPCAKES:
- 1 ½ cană de făină universală
- 1 ½ linguriță de praf de copt
- ½ lingurita de bicarbonat de sodiu
- ¼ lingurita sare
- ½ cană unt nesărat, înmuiat
- ½ cană zahăr granulat
- 2 banane coapte, piure
- 2 ouă mari
- 1 lingurita extract de vanilie
- ½ cană lapte integral

PENTRU SOS DE CAFEU:
- ½ cană de unt nesărat
- 1 cană de zahăr brun
- ½ cană smântână groasă
- ¼ lingurita sare
- 1 lingurita extract de vanilie

PENTRU TOPING:
- 2 banane coapte, feliate
- Frisca
- Așchii de ciocolată

INSTRUCȚIUNI:
PENTRU CUPCAKES:

a) Preîncălziți cuptorul la 350 ° F (175 ° C) și tapetați o tavă de brioșe cu căptușeală de cupcake.

b) Într-un castron, amestecați făina, praful de copt, bicarbonatul de sodiu și sarea. Pus deoparte.

c) Într-un alt castron, cremă untul înmuiat și zahărul granulat până devine ușor și pufos.

d) Adăugați piureul de banane, ouăle și extractul de vanilie la amestecul de unt și zahăr. Se amestecă până se combină bine.

e) Adăugați treptat ingredientele uscate în amestecul de banane, alternând cu laptele. Începeți și terminați cu ingredientele uscate. Se amestecă până când se combină.

f) Împărțiți aluatul de cupcake în mod egal între căptușelile de cupcake.
g) Coacem in cuptorul preincalzit pentru aproximativ 18-20 de minute sau pana cand o scobitoare introdusa intr-un cupcake iese curata.
h) Lăsați cupcakes să se răcească în tavă câteva minute înainte de a le transfera pe un grătar pentru a se răci complet.

PENTRU SOS DE CAFEU:
i) Într-o cratiță, topește untul la foc mediu.
j) Se adaugă zahărul brun și se fierbe, amestecând constant până când zahărul s-a dizolvat.
k) Se toarnă smântâna groasă și se amestecă bine.
l) Lăsați amestecul să dea un clocot ușor, apoi îndepărtați-l de pe foc.
m) Se amestecă sarea și extractul de vanilie. Lăsați sosul de toffee să se răcească.
n) Asamblare:
o) Odată ce cupcakes-urile și sosul de toffee s-au răcit, puneți o lingură generoasă de sos de toffee peste fiecare cupcake.
p) Puneți felii de banană deasupra sosului de toffee.
q) Terminați cu o praf de frișcă și un strop de ciocolată.

31.Dulciuri Banoffee congelate

INGREDIENTE:
- 1 banană mare
- ¼ de cană de caramele de ciocolată
- 1 cană chipsuri de caramel
- 1 lingurita ulei de cocos organic

INSTRUCȚIUNI:
a) Curățați banana și tăiați-o în jumătate.
b) Introduceți bețișoare de acadele, astfel încât să meargă la ¾ din sus.
c) Congelați pe o foaie de biscuiți acoperită cu hârtie ceară până se solidifică.
d) Pregătiți o farfurie mică cu ¼ de cană de bucăți de caramel acoperite cu ciocolată întinse și gata de utilizare.
e) Puneți un boiler dublu cu apă la fiert. Puneți un vas de metal peste el și topiți încet 1 cană de chipsuri de caramel. Când încep să se topească, adăugați 1 linguriță de ulei de cocos și amestecați până când consistența este netedă. Se ia de pe foc.
f) Turnați amestecul de caramel peste banana congelată (lucrați cu ¼-½ banană la un moment dat, deoarece se întărește repede) și înmuiați în bucățile de caramel. Repetați până când banana este acoperită.
g) Puneți din nou pe o foaie de prăjituri tapetată cu hârtie ceară și lăsați-l la congelat timp de 10 minute. Dacă se servesc imediat, sunt gata de plecare. Dacă serviți mai târziu, înfășurați-le pe fiecare în folie de plastic și puneți-o într-o pungă sigură pentru congelator.

32.Dip Banoffee cu biscuiți Graham

INGREDIENTE:
- 1 cană de banane coapte, piure
- 1 cana crema de branza, moale
- ½ cană de biți de caramel
- ¼ cana nuci tocate
- Biscuiți Graham pentru scufundare

INSTRUCȚIUNI:
a) Într-un castron, combinați bananele piure și cremă de brânză moale până la omogenizare.
b) Încorporați bucăți de caramel și nucile mărunțite.
c) Serviți dip-ul Banoffee cu biscuiți Graham pentru o gustare dulce delicioasă.

33. Banoffee Energy Bites

INGREDIENTE:
- 1 cană de ovăz rulat
- ½ cană de banane coapte, piure
- ¼ cană unt de migdale
- ¼ de cană de biți de caramel
- 1 lingura miere
- Nucă de cocos mărunțită pentru rulare (opțional)

INSTRUCȚIUNI:
a) Într-un castron, amestecați fulgi de ovăz, piure de banane, unt de migdale, bucăți de caramel și miere.
b) Rulați amestecul în bile de mărimea unei mușcături. Opțional, rulați fiecare bilă în nucă de cocos mărunțită.
c) Dati la frigider cel putin 30 de minute inainte de servire.

34. Mix Banoffee Popcorn

INGREDIENTE:
- 6 cani popcorn popcorn
- ½ cană de biți de caramel
- ½ cană chipsuri de banane uscate
- ¼ cană ciocolată topită (lapte sau neagră)
- ¼ cană alune tocate

INSTRUCȚIUNI:
a) Într-un castron mare, combinați floricelele de porumb, bucățile de caramel, chipsurile de banane uscate și alunele mărunțite.
b) Stropiți ciocolata topită peste amestec și amestecați până când totul este acoperit uniform.
c) Întindeți amestecul pe o foaie de copt pentru a lăsa ciocolata să se întărească. Împărțiți-vă în grupuri și bucurați-vă!

35.Banoffee Bruschetta Bites

INGREDIENTE:
- Felii de baghetă, prăjite
- Branza mascarpone
- Banane coapte, feliate subțiri
- Sos de toffee pentru stropire
- Frunze de mentă proaspătă pentru decor

INSTRUCȚIUNI:
a) Întindeți un strat de mascarpone pe fiecare felie de baghetă prăjită.
b) Acoperiți cu banane tăiate subțiri.
c) Stropiți cu sos de toffee și decorați cu frunze de mentă proaspătă.
Serviți ca delicioase mușcături de bruschetta Banoffee.

36. Batoane Granola Banoffee

INGREDIENTE:
- 2 căni de ovăz rulat
- 1 cană piure de banane coapte
- ½ cană unt de migdale
- ¼ cană miere
- ¼ de cană de biți de caramel
- ¼ ceasca de banane uscate tocate

INSTRUCȚIUNI:
a) Într-un castron, amestecați fulgi de ovăz, piure de banane, unt de migdale, miere, bucăți de caramel și banane uscate tocate.
b) Presă amestecul într-o tavă de copt tapetată și dă-l la frigider până se întărește.
c) Tăiați în batoane și bucurați-vă de aceste delicii granola cu aromă de Banoffee.

37. Banoffee S'mores Bites

INGREDIENTE:
- Biscuiți Graham, împărțiți în pătrate
- Felii de banane coapte
- Marshmallows, prăjite
- Patratele de ciocolata cu lapte
- Sos de toffee pentru stropire

INSTRUCȚIUNI:
a) Puneți o felie de banană pe un pătrat de biscuit Graham.
b) Prăjiți o marshmallow și puneți-o deasupra bananei.
c) Adăugați un pătrat de ciocolată cu lapte și stropiți cu sos de toffee. Acoperiți cu un alt pătrat de biscuit Graham.

38.Batoane Cheesecake Banoffee

INGREDIENTE:
PENTRU CRASTĂ:
- 1 ½ cană de biscuiți digestivi zdrobiți
- ½ cană unt nesărat, topit

PENTRU Umplutura de cheesecake:
- 16 uncii cremă de brânză, înmuiată
- ½ cană zahăr granulat
- 2 banane coapte, piure
- 2 ouă mari
- ¼ cană făină universală
- ¼ cană smântână groasă
- 1 lingurita extract de vanilie

PENTRU TOPING:
- Sos de toffee
- Banane feliate

INSTRUCȚIUNI:
a) Preîncălziți cuptorul la 325°F (163°C). Se unge și se tapetează o tavă de copt cu hârtie de copt.
b) Într-un castron, combinați biscuiții digestivi zdrobiți și untul topit. Apăsați în fundul vasului pregătit pentru a forma crusta.
c) Într-un alt bol, bate crema de brânză și zahărul până se omogenizează. Adăugați piure de banane, ouă, făină, smântână groasă și extract de vanilie. Se amestecă până se combină bine.
d) Se toarnă amestecul de cheesecake peste crustă.
e) Coaceți aproximativ 40-45 de minute sau până se fixează centrul.
f) Se lasa sa se raceasca, apoi se da la frigider pentru cateva ore.
g) Stropiți cu sos de toffee și acoperiți cu banane feliate înainte de servire.

39. CandiQuik Cowboy Bark

INGREDIENTE:
- 1 pachet CandiQuik (acoperire de bomboane cu aroma de vanilie)
- 1 cană mini covrigei
- 1 cană de biscuiți sărați, rupți în bucăți
- ½ cană de biți de caramel
- ½ cană alune prăjite și sărate
- ¼ cană mini chipsuri de ciocolată
- ¼ cană chipsuri de ciocolată cu lapte
- Sare de mare pentru stropire (optional)

INSTRUCȚIUNI:
a) Tapetați o foaie de copt cu hârtie de copt.
b) Rupeți CandiQuik-ul în bucăți și puneți-l într-un bol termorezistent. Topiți CandiQuik conform instrucțiunilor de pe ambalaj. De obicei, aceasta implică punerea la microunde la intervale de 30 de secunde până când se topește complet.
c) Într-un castron mare, combinați mini covrigei, biscuiți sărați, bucăți de caramel, arahide prăjite, mini fulgi de ciocolată și fulgi de ciocolată cu lapte.
d) Turnați CandiQuik topit peste ingredientele uscate și amestecați până când totul este bine acoperit.
e) Întindeți amestecul uniform pe foaia de copt pregătită.
f) Opțional: Presărați un pic de sare de mare deasupra pentru un contrast de aromă dulce și sărat.
g) Lăsați Cowboy Bark să se răcească și să se întărească complet. Puteți accelera acest proces punându-l la frigider.
h) Odată întărită complet, spargeți Cowboy Bark în bucăți mici.
i) Păstrați Cowboy Bark într-un recipient etanș la temperatura camerei.

40.Toffee de ciocolată

INGREDIENTE:
- 1 cană de curmale, fără sâmburi
- 1 cană ulei de cocos
- 1/2 cană apă
- 1/2 cană pudră de cacao
- 1 lingurita pudra de vanilie
- 1 praf de sare

INSTRUCȚIUNI:

a) Acoperiți curmalele cu apă și lăsați-le să se înmoaie - folosiți apă caldă pentru a accelera acest proces.

b) Pune totul împreună într-un robot de bucătărie și procesează cu S-Blade până se omogenizează și se omogenizează. Acest lucru durează până la 20 de minute și merită timpul.

c) Se toarnă într-un vas puțin adânc și se lasă la frigider.

d) Tăiați în pătrate după aproximativ 3-4 ore.

e) Păstrați-le într-un recipient ermetic la frigider.

41. Batoane de toffee cu scorțișoară

INGREDIENTE:
- 1 cană unt nesărat, înmuiat
- 1 cană zahăr brun la pachet
- 1 ou
- 1 lingurita de vanilie
- 2 linguri scortisoara macinata
- ½ lingurita Sare
- 2 căni de făină universală
- 1 albus de ou, batut
- 6 linguri de unt, rece
- ¾ cană făină universală
- ¾ cană de zahăr
- Zahăr colorat pentru decor

INSTRUCȚIUNI:
a) Încinge cuptorul la 375 de grade. Ungeți o tavă cu jeleu de 15 pe 10 inchi. Smântână untul, zahărul, ouăle și vanilia într-un bol de mixare. Se amestecă scorțișoară și sare.

b) Adaugam faina, cate putin. Amestecați bine. Apăsați în tavă până la o grosime de ¼ inch cu hârtie ceară.

c) Peste aluat ungeți albușul bătut. Combinați ingredientele streusel în robotul de bucătărie. Procesați până când untul este omogenizat. Presărați streusel peste aluat. Coaceți 20 de minute. Se răcește pe grătar 15 minute. Tăiați în batoane de 2 pe 1½ ~ inch cât sunt încă calde.

42. English Pub Toffee

INGREDIENTE:
- 1 ½ cană de unt, tăiat cubulețe
- 2 căni de zahăr granulat
- ¼ lingurita sare
- 2 linguri de bere
- 2 cesti chipsuri de ciocolata neagra
- 2 cani de covrigei, usor zdrobiti

INSTRUCȚIUNI:
a) Tapetați o foaie de copt cu hârtie de copt sau un Silpat.
b) Adaugati zaharul de unt, sarea si berea intr-o oala la foc iute. Amestecați continuu până când untul s-a topit.
c) Fixați un termometru de gătit pe margine, gătiți până când zahărul ajunge la 300F, amestecând ocazional.
d) Se toarnă pe tava pregătită. Se lasă să se răcească aproximativ 2 minute, se presară cu fulgi de ciocolată.
e) Odată ce caramelul cald a topit fulgii de ciocolată, întindeți ciocolata uniform cu o spatulă. Se presara cu bacon si covrigei.
f) Se raceste la temperatura camerei, apoi se adauga la frigider si se da la rece 2 ore.
g) Rupeți în bucăți înainte de servire.

43.Patratele de caramel cu bacon confiate

INGREDIENTE:
- 8 felii de bacon
- ¼ cană zahăr brun deschis, bine ambalat
- 8 linguri de unt, inmuiat
- 2 linguri de unt nesarat, inmuiat
- ⅓ cană de zahăr brun închis, bine ambalat
- ⅓ cană zahăr cofetar
- 1½ cani de faina de gris
- ½ linguriță sare
- ½ cană de biți de caramel
- 1 cană chipsuri de ciocolată neagră
- ⅓ ceasca de migdale tocate

INSTRUCȚIUNI:
a) Încinge cuptorul la 350°F (180°C). Într-un castron mediu, aruncați baconul și zahărul brun deschis și aranjați într-un singur strat pe o foaie de copt.
b) Coaceți timp de 20 până la 25 de minute sau până când baconul este auriu și crocant. Scoateți din cuptor și lăsați să se răcească timp de 15 până la 20 de minute. Tăiați în bucăți mici.
c) Reduceți temperatura cuptorului la 340°F (171°C). Tapetați o tavă de copt de 9 × 13 inchi (23 × 33 cm) cu folie de aluminiu, pulverizați cu spray de gătit antiaderent și lăsați deoparte.
d) Într-un castron mare, amestecați untul, untul nesarat, zahărul brun închis și zahărul de cofetă cu un mixer electric la viteză medie, până devine ușor și pufos. Adaugati faina de gris si sare treptat, amestecand pana se omogenizeaza. Se amestecă ¼ de cană de bucăți de caramel până când sunt distribuite uniform.
e) Presați aluatul în tava pregătită și coaceți timp de 25 de minute sau până când devine auriu. Scoateți din cuptor, stropiți cu chipsuri de ciocolată neagră și lăsați timp de 3 minute sau până când chipsurile se înmoaie.
f) Întindeți uniform ciocolata înmuiată deasupra și presărați cu migdale, slănină confiată și ¼ de cană de bucăți de caramel rămase. Se lasă să se răcească 2 ore sau până când ciocolata se întărește. Tăiați în 16 pătrate de 2 inchi (5 cm).
g) Depozitare: A se păstra într-un recipient ermetic la frigider până la 1 săptămână.

44.Tijele de covrigi Toffee

INGREDIENTE:
- 12 tije de covrig
- 1 cană chipsuri de ciocolată cu lapte
- 1/2 cană biți de caramel
- Stropi asortate sau nuci tocate (optional)

INSTRUCȚIUNI:
a) Tapetați o foaie de copt cu hârtie de copt.
b) Într-un castron potrivit pentru cuptorul cu microunde, topiți fulgii de ciocolată cu lapte la intervale de 30 de secunde, amestecând între ele, până se omogenizează.
c) Înmuiați fiecare tijă de covrig în ciocolata topită, folosind o lingură pentru a acoperi uniform.
d) Lăsați excesul de ciocolată să picure, apoi puneți tija de covrig acoperită pe foaia de copt pregătită.
e) Presărați imediat bucățile de caramel peste stratul de ciocolată, apăsând ușor pentru a adera.
f) Dacă doriți, stropiți cu stropi asortate sau nuci tocate pentru un plus de textură și aromă.
g) Pune foaia de copt la frigider pentru aproximativ 15 minute pentru a lăsa ciocolata să se întărească.
h) Odată setate, păstrați tijele de covrig caramel într-un recipient ermetic la temperatura camerei. Bucurați-vă de aceste delicii dulci și sărate ca o gustare delicioasă!

DESERT

45.Budincă Sticky Toffee Cu Sos De Rom Caramel

INGREDIENTE:
TORT:
- 170 g unt
- 280 g zahar demerara
- 4 ouă
- 2 linguri extract de vanilie
- 1 ½ lingură de melasă
- 350 g făină auto-crescătoare
- 2 linguri bicarbonat de sodiu
- 100 ml lapte

SOS CARAMEL:
- 75 g unt
- 1 lingura de melasă
- 300 g zahar demerara
- 300 ml crema dubla
- 2 linguri rom

INSTRUCȚIUNI:
PREGĂTIREA prăjiturii:
a) Preîncălziți cuptorul la 180°C (350°F). Ungeți o tavă de copt. Se presara o cantitate mica de faina peste suprafata unsa. Mutați făina în jurul vasului, acoperind toate zonele.
b) Într-un castron, combinați untul și zahărul demerara până se formează un amestec sfărâmicios.
c) Intr-un alt castron batem ouale si adaugam 2 lingurite de extract de vanilie.
d) Adăugați încet amestecul de ouă la amestecul de unt și zahăr, amestecând bine.
e) Se amestecă 1½ linguriță de melasă până când se încorporează complet în aluat.
f) Într-un bol sau o farfurie puțin adâncă, combinați făina auto-crescătoare și bicarbonatul de sodiu. Adăugați treptat amestecul de făină în aluat și amestecați-l.
g) Adăugați încet laptele și amestecați până se formează un aluat omogen. Notă: NU pliați excesiv.
h) Turnați aluatul în tava de copt pregătită, răspândindu-l uniform.

i) Coacem in cuptorul preincalzit pentru 35-65 de minute, sau pana cand prajitura devine maro aurie si o scobitoare introdusa in centru iese curata.

PREPARAREA SOS CARAMEL:
j) Într-o cratiță, topește untul la foc mediu.
k) Se amestecă melasă și zahărul demerara.
l) Gatiti, amestecand continuu, pana cand zaharul s-a dizolvat si amestecul este omogen.
m) Se toarnă treptat smântâna dublă, amestecând continuu.
n) Lasam amestecul sa fiarba 5-7 minute, amestecand din cand in cand, pana se ingroasa usor.
o) Scoateți cratita de pe foc și amestecați romul.

SERVIRE:
p) Lasam tortul sa se raceasca 30 de minute.
q) Serviți cu un strop generos de sos de rom caramel.
r) Optional se serveste cu capsuni deasupra.

46.Tort cu banane cu susul în jos, toffee lipicios umed

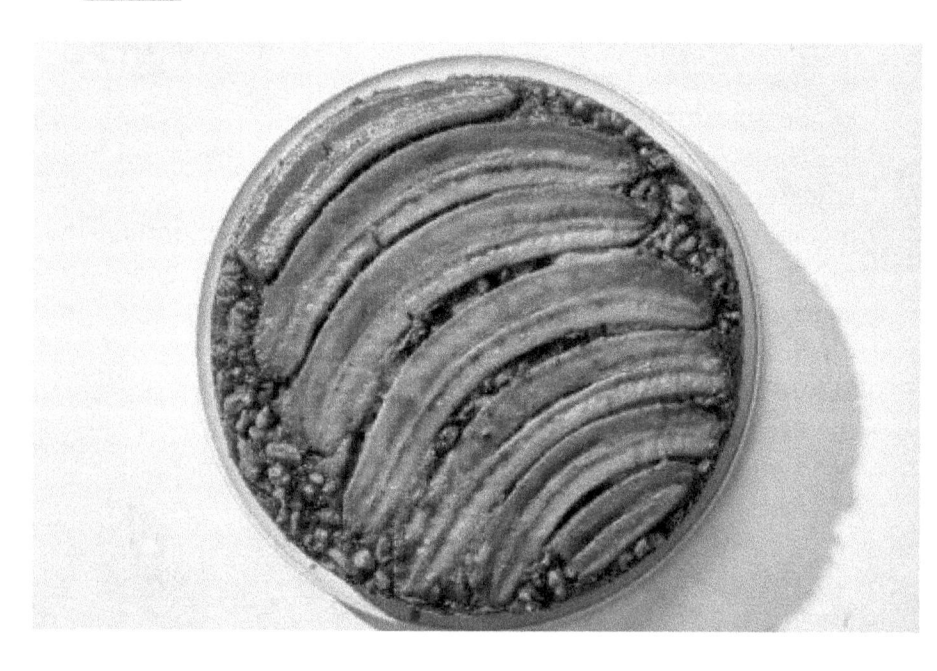

INGREDIENTE:
PENTRU TOPING:
- 90 g unt
- 180 g zahăr brun (zahăr Demerara)
- Vârf de cuțit de sare
- 1 lingură de melasă
- 2 banane coapte, feliate

PENTRU ALUATUL DE PRACTIC:
- 405 g faina simpla
- 1 ½ linguriță de bicarbonat de sodiu
- 300 g zahăr brun
- ½ lingurita sare
- 2 banane coapte, piure
- 1 ½ ouă (bătute ușor)
- 1 lingurita esenta de vanilie
- 90 g zară
- ⅓ cană de unt topit
- 1 galbenus de ou
- ⅓ cană lapte

PENTRU SOS LICIOS DE CAFEU:
- 35 g unt
- 150 g zahăr brun
- 150 ml smântână groasă
- 1 lingură sos de melază

INSTRUCȚIUNI:
a) Preîncălziți cuptorul la 165°C.
b) Ungeți corect o formă rotundă de 9 inci de tort. Pus deoparte.

PREGĂTIȚI TOPINGUL:
c) Într-o cratiță, topește untul la foc mediu.
d) Se amestecă zahărul brun până se dizolvă zahărul și amestecul este omogen.
e) Adăugați sarea și melasă și amestecați până când sosul s-a îngroșat.
f) Turnați amestecul de caramel în forma de tort pregătită, răspândindu-l uniform.

g) Aranjați bananele feliate peste caramel. Pus deoparte.

PREGĂTIȚI ALUATUL DE PRĂJIT:

h) Într-un castron mare de amestecare, cerne împreună făina și bicarbonatul de sodiu.

i) Se amestecă zahărul brun și sarea. Pus deoparte.

j) Într-un alt castron sau ulcior, zdrobiți bananele coapte.

k) Spargeți ouăle într-un castron mic și adăugați extractul de vanilie. Se bate bine.

l) Adăugați amestecul de ouă bătute, zara, untul topit și gălbenușul de ou la piureul de banane. Bateți până se combină bine.

m) Adăugați ingredientele umede la ingredientele uscate. Îndoiți ușor amestecul până devine omogen.

n) Stropiți treptat ⅓ cană de lapte în amestec până când se formează un aluat fin.

o) Se toarnă aluatul peste toppingul cu banane caramelizate în forma de tort, întinde-l uniform cu o spatulă.

p) Coacem in cuptorul preincalzit pentru 45 de minute, sau pana cand o scobitoare introdusa in centrul prajiturii iese curata.

PREGĂTIȚI SOSUL DE CARAUM LIPIȚIOS:

q) Într-o cratiță mică, topește untul la foc mediu.

r) Adăugați zahărul brun și gătiți, amestecând constant, până când zahărul se dizolvă și amestecul este omogen.

s) Se toarnă încet smântâna groasă, amestecând continuu până se omogenizează bine. Se amestecă sosul de melasă și se lasă să se gătească și să se reducă.

t) Odată copt prăjitura, scoateți-l din cuptor și lăsați-l să se răcească în tavă timp de 10 minute.

u) Răsturnați cu grijă tortul pe o farfurie de servire, permițând topping-ului de banane caramelizate să devină fundul prăjiturii.

v) Serviți Moist Sticky Toffee Tortul cu banane cu capul în jos cald, stropit cu sosul de toffee lipicios pregătit.

w) Savurați-l cu o linguriță de înghețată pentru un răsfăț suplimentar de îngăduință!

47. Budincă de mere condimentată Sticky Toffee

INGREDIENTE:
PENTRU PÂNȚIȘTEI CU MERE CONDUT:
- 3 căni (350 g) făină universală
- 1 ½ linguriță Praf de copt
- ½ lingurita Bicarbonat de sodiu
- ½ lingurita Sare
- 1 lingurita scortisoara
- ¾ linguriță de ienibahar
- 1 3/8 cană (280 g) zahăr fin Demerara
- ¾ cană (185 g) unt
- 3 ouă
- 2 lingurițe esență de vanilie
- ½ cană (118 ml) smântână
- 1 ½ linguriță de melasă
- ½ cană (118 ml) de lapte
- 1 măr, decojit, fără miez și mărunțit

PENTRU SOS DE CAFEU:
- 50 g unt
- 200 g zahăr Demerara
- 250 ml Crema dubla
- 1 măr, tăiat cubulețe pentru decor
- Nuci pecan zdrobite

INSTRUCȚIUNI:
PREGĂTIREA PÂRINȚILOR DE MERE CONDAT:
a) Preîncălziți cuptorul la 180°C. Ungeți o tavă Bundt cu unt. Pudrați tava cu făină, apoi bateți ușor tava pentru a întinde făina uniform în jurul tigaii. Pus deoparte.
b) Într-un castron, combinați făina universală, praful de copt, bicarbonatul de sodiu, sarea, scorțișoara și ienibaharul. Pus deoparte.
c) Într-un castron mare, bate zahărul Demerara și untul până devin ușor și pufos.
d) Spargeți ouăle într-un castron mic și adăugați esența de vanilie. Se bate bine.
e) Amestecați smântâna și melasă până se omogenizează bine.

f) Bateți treptat amestecul de ouă în amestecul de zahăr-unt. Notă: amestecul se poate coagula, dar este în regulă; adăugarea de făină va ajuta la corectarea acestui lucru.

g) Încorporați amestecul de făină, în timp ce adăugați treptat laptele. Se amestecă până când aluatul este omogen.

h) Încorporați mărul mărunțit până când se distribuie uniform în aluat.

i) Turnați aluatul în tava pregătită și întindeți-l uniform.

j) Coacem in cuptorul preincalzit pentru 40-45 de minute, sau pana cand o scobitoare introdusa in centru iese curata.

PREPARAREA SOSULUI DE CAFEU:

k) Într-o cratiță, se topește untul la foc mic. Adăugați 200 g de zahăr Demerara și gătiți, amestecând continuu, până când zahărul s-a dizolvat și amestecul este omogen. Opriți căldura.

l) Se toarnă încet smântâna dublă amestecând continuu.

ASAMBLARE:

m) După ce prăjitura este coptă, scoateți-l din cuptor și lăsați-l să se răcească câteva minute.

n) Turnați sosul de toffee cald peste partea de sus a prăjiturii, lăsându-i să acopere suprafața uniform.

o) La sosul rămas, adăugați cuburile de mere. Se amestecă și se lasă la fiert timp de 3-4 minute până se înmoaie ușor.

p) Presărați nuci pecan zdrobite, în jurul prăjiturii, apoi acoperiți cu merele moi toffee.

q) Servește budinca de mere condimentată de Xmas Sticky Toffee caldă, cu un plus de sos de toffee.

48.Inghetata Caramel & Toffee

INGREDIENTE:
- 1 ½ cană de lapte integral
- 1 ½ linguriță amidon de porumb
- ½ cană de vin dulce Marsala
- 1 ¼ cană de smântână groasă
- 2 linguri sirop de porumb usor
- 4 linguri branza mascarpone, inmuiata
- ¼ lingurita sare
- ⅔ cană zahăr granulat
- ¾ cană bucăți de caramel cu ciocolată cu lapte, cum ar fi chipsuri Heath sau baton Heath mărunțit

INSTRUCȚIUNI:
a) Măsurați laptele. Luați 2 linguri de lapte și combinați-l cu amidonul de porumb pentru a crea o pastă, amestecând constant. Pus deoparte. Adăugați vinul dulce de Marsala în lapte.

b) Măsurați smântâna groasă și adăugați siropul de porumb la ea. Adăugați mascarpone într-un castron mare și amestecați cu sare. Pus deoparte.

c) Pentru a face caramelul ars, încălziți o cratiță mare la foc mediu și adăugați zahăr, asigurați-vă că este într-un singur strat și acoperiți tot fundul oalei. Urmăriți zahărul până când începe să se topească, iar exteriorul devine caramel și se topește.

d) Odată ce a rămas doar o cantitate mică de zahăr alb în centru, folosiți o spatulă termorezistentă și răzuiți zahărul topit din părțile laterale în centru.

e) Continuați să faceți acest lucru pana când se topește tot zahărul și amestecați bine. Urmăriți zahărul când începe să clocotească și odată ce marginile sunt clocotite și eliberează fum și zahărul capătă o culoare chihlimbar închis, îndepărtați-l de pe foc. Singura modalitate de a-l judeca cu adevărat chiar înainte de a ARDE să ardă este să stai cu atenție deasupra și să mirosiți/vizionați. În clipa în care îl luați de pe foc, adăugați câteva linguri de amestec de smântână/sirop de porumb și amestecați constant pentru a se combina. Adăugați încet smântâna rămasă foarte încet, amestecând constant.

f) Puneti cratita inapoi la foc mediu si adaugati amestecul de lapte/vin Marsala. Aduceți amestecul la fierbere.

g) Se fierbe 4 minute. Se ia de pe foc și se amestecă amestecul de amidon de porumb, amestecând pentru a se combina. Se pune din nou la foc și se mai fierbe încă 1-2 minute, amestecând cu o spatulă până se îngroașă ușor. Se toarnă ușor amestecul în castronul mare cu mascarpone și se amestecă.

h) Umpleți un castron mare cu gheață și apă cu gheață, punând în apă o pungă cu fermoar deschisă de dimensiunea unui galon, de jos în jos. Turnați amestecul cu grijă în pungă, apăsați aerul și sigilați. Se da la rece 30-45 de minute.

i) Odată răcit, amestecați conform instrucțiunilor.

j) Odată amestecat, întindeți-l într-un recipient sigur pentru congelator și puneți deasupra o bucată de folie de plastic, apăsând pe înghețată. Congelați timp de 4-6 ore înainte de servire. Notă: această înghețată este moale!

49.Brûlée de gheață cu lămâie cu caramel

INGREDIENTE:
- 1 cană smântână groasă
- 1 cană lapte integral
- 4 gălbenușuri de ou
- ½ cană zahăr granulat
- 1 lingura coaja rasa de lamaie
- 1 picătură ulei esențial de lămâie
- ½ cană de biți de caramel
- Zahăr granulat, pentru caramelizare
- Zmeura, de servit

INSTRUCȚIUNI:
a) Într-o cratiță, încălziți smântâna tare, laptele întreg și coaja de lămâie la foc mediu până începe să fiarbă. Se ia de pe foc.
b) Într-un castron separat, amestecați gălbenușurile, zahărul și uleiul esențial de lămâie până se combină bine.
c) Turnați încet amestecul de smântână fierbinte în amestecul de gălbenușuri de ou, amestecând continuu.
d) Amestecul se pune înapoi în cratiță și se fierbe la foc mic, amestecând continuu, până se îngroașă și îmbracă dosul unei linguri. Nu-l lăsa să fiarbă.
e) Se ia de pe foc si se lasa amestecul sa se raceasca la temperatura camerei. Apoi dați la frigider pentru cel puțin 4 ore sau peste noapte.
f) Turnați amestecul răcit într-un aparat de înghețată și amestecați conform instrucțiunilor producătorului.
g) În ultimele minute de agitare, adăugați bucățile de caramel și continuați să amestecați până când sunt distribuite uniform.
h) Transferați înghețata amestecată într-un recipient și congelați timp de cel puțin 2 ore pentru a se întări.
i) Chiar înainte de servire, presărați un strat subțire de zahăr granulat deasupra fiecărei porții. Folosește o torță de bucătărie pentru a carameliza zahărul până formează o crustă crocantă.
j) Lăsați zahărul să se întărească câteva minute, apoi serviți și savurați.

50.Trufe Toffee

INGREDIENTE:
- 1/2 cană unt, înmuiat
- 1/2 cană de biți de copt de caramel
- 3/4 cană zahăr brun la pachet
- Înveliș pentru cofetarii de ciocolată de 1 kg
- 1 lingurita extract de vanilie
- 21/4 cană făină universală
- 1 cutie (14 uncii) de lapte condensat îndulcit
- 1/2 cană chipsuri de ciocolată semidulce în miniatură

INSTRUCȚIUNI:
a) Într-un castron mare, adăugați zahărul brun și untul și cu un mixer electric, bateți până se omogenizează.
b) Se amestecă extractul de vanilie.
c) Se adauga incet faina, alternativ cu laptele condensat indulcit, batand bine dupa fiecare adaugare.
d) Încorporați ușor fulgii de ciocolată și bucățile de caramel.
e) Cu o lingură mică de prăjituri, faceți bile de 1 inch și aranjați-le pe foi de copt tapetate cu hârtie cerată.
f) Dați la frigider pentru aproximativ 1 oră.
g) Într-un bol de sticlă care poate fi utilizat în cuptorul cu microunde, topește stratul de ciocolată la intervale de 30 de secunde, amestecând după fiecare topire, timp de aproximativ 1-3 minute
h) Înmuiați bilele de aluat în stratul de ciocolată, aruncând orice exces.
i) Aranjați pe foi de copt tapetate cu hârtie cerată și presărați trufele cu bucățile suplimentare de caramel.
j) Dă la frigider până se întărește, aproximativ 15 minute. A se păstra la frigider.

51.Prajituri Toffee Sticky Pere Miso-Caramel

INGREDIENTE:
Prăjituri de cafea lipicioase cu pere:
- 1 cană curmale uscate (aproximativ 6 uncii), fără sâmburi și tocate grosier
- 1 cană de făină universală, plus suplimentar pentru pudrat
- 1 lingurita scortisoara macinata
- 3/4 lingurita praf de copt
- 3/4 lingurita de bicarbonat de sodiu
- 1/2 linguriță sare kosher
- 3/4 cană zahăr brun deschis la pachet
- 1/4 cană unt nesărat, plus mai mult pentru ungerea formei
- 2 ouă mari
- 2 pere Bartlett sau Anjou medii, decojite, fără miez și tăiate în bucăți de 1/3 inch (aproximativ 2 căni)

SOS MISO-CARAMEL:
- 3/4 cană unt nesărat (6 uncii)
- 1 cană de zahăr brun deschis la pachet
- 1/2 cană miso alb (organic, dacă este posibil)
- 1 cană smântână groasă

FRISCA:
- 1 cană smântână groasă

INSTRUCȚIUNI:
FACEȚI PĂRȚILELE DE CARACINE LIPICITENTE DE PERE:
a) Preîncălziți cuptorul la 350°F. Se unge cu unt moale o tava de 12 cani de briose si se pudreaza cu faina; pus deoparte.
b) Într-o cratiță mică, amestecați curmalele și 1 cană de apă. Se aduce la fierbere la foc mediu și se gătește, amestecând din când în când, până când curmalele se înmoaie și se absoarbe cea mai mare parte din lichid, aproximativ 5 minute. Se ia de pe foc si se lasa sa se raceasca 5 minute. Se zdrobește amestecul cu un zdrobitor de cartofi sau cu o furculiță până când este în mare parte netedă; pune-l deoparte.
c) Într-un castron separat, amestecați făina, scorțișoara, praful de copt, bicarbonatul de sodiu și sarea; pus deoparte.
d) Pune zahărul brun și untul în vasul unui mixer cu suport prevăzut cu accesoriul cu paletă. Bateți la viteză medie-mare până când amestecul devine ușor și pufos, ceea ce ar trebui să dureze aproximativ 4 până la 5 minute.
e) Adaugam ouale pe rand, batand bine dupa fiecare adaugare. Cu mixerul funcționând la viteză mică, adăugați treptat amestecul de făină, batând până când se combină, timp de aproximativ 1 până la 2 minute. Asigurați-vă că vă opriți și răzuiți părțile laterale ale vasului după cum este necesar.
f) Se amestecă amestecul de curmale și se pliază bucățile de pere.
g) Turnați aluatul uniform în tava de brioșe pregătită, umplând fiecare ceașcă la aproximativ 1/3 inch de partea de sus (aproximativ 1/3 cană fiecare). Puteți arunca orice aluat rămas sau îl puteți păstra pentru o altă utilizare.
h) Coacem in cuptorul preincalzit pana cand o scobitoare de lemn introdusa in centrul prajiturii iese curata, ceea ce ar trebui sa dureze aproximativ 18-22 de minute.
FACEȚI SOS MISO-CARAMEL:
i) Topiți untul într-o cratiță medie la foc mediu-mic. Adăugați zahăr brun și miso, amestecând până se dizolvă, de obicei în 1 până la 2 minute.
j) Se amestecă smântâna groasă și se lasă amestecul să dea în clocot. Gătiți-l în timp ce amestecați constant timp de aproximativ 1 minut. Scoateți-l de pe foc și lăsați-l deoparte pentru utilizare ulterioară.

DUPĂ CU PRĂJIILE AU TERMINAT DE COAT:
k)   Scoateți-le din cuptor și faceți imediat găuri peste tot prajiturile cu ajutorul unui strâns de lemn.
l)   Peste fiecare prăjitură se pune aproximativ 1 lingură de sos miso-caramel.
m)   Lăsați prăjiturile să se răcească în tava pentru brioșe timp de 20 de minute, făcând din când în când găuri suplimentare pentru a ajuta sosul să se înmoaie.

FACEȚI SMÂNTĂ:
n)   Bateți smântâna groasă în bolul unui mixer cu suport prevăzut cu accesoriul pentru tel, la viteză medie-mare, până se formează vârfuri moi, de obicei în 1 până la 2 minute.

A SERVI:
o)   Folosiți o spatulă mică pentru a desprinde fiecare prăjitură din forma pentru brioșe.
p)   Răsturnați prăjiturile pe farfurii individuale de servire și acoperiți fiecare cu aproximativ 1 1/2 linguriță de sos miso-caramel.
q)   Se serveste cu frisca si sosul miso-caramel ramas. Bucurați-vă!

52.cu ciocolată Mocha Toffee Chip

INGREDIENTE:
- 6 uncii unt nesărat, ușor înmuiat
- 5 ¼ uncii de zahăr granulat
- 6 uncii de zahăr brun deschis
- 2 ouă mari
- 1 lingurita extract de vanilie
- 11 ¼ uncii de făină universală nealbită
- 1 lingurita bicarbonat de sodiu
- 1 lingurita sare
- ⅛ linguriță pudră espresso
- ¼ lingurita de scortisoara macinata
- 7 uncii bucăți de ciocolată dulce-amăruie
- 7 uncii chipsuri Mocha
- 3 uncii de caramele

INSTRUCȚIUNI:
a) Preîncălziți cuptorul la 350 de grade F (175 de grade C).
b) În vasul unui mixer cu suport, folosind atașamentul cu paletă, amestecați untul ușor înmuiat, zahărul granulat și zahărul brun deschis la viteză medie timp de aproximativ două minute, până când amestecul este cremos și bine combinat.
c) Adăugați ouăle, unul câte unul și bateți de fiecare dată până se încorporează complet.
d) Se amestecă extractul de vanilie și se bate până când amestecul este bine omogenizat.
e) Într-un castron separat de mărime medie, amestecați făina universală nealbită, bicarbonatul de sodiu, sarea, pudra espresso și scorțișoara măcinată.
f) Adăugați treptat ingredientele uscate în amestecul de unt și zahăr. Se amestecă inițial cu o spatulă și apoi se trece la atașamentul cu palete, amestecând până când ingredientele uscate sunt încorporate în aluat.
g) Încorporați ușor bucățile de ciocolată dulce-amăruie, chipsurile Mocha și bucățile de caramel până când sunt distribuite uniform în aluat.

h) Tapetați foile de copt cu hârtie de copt. Folosind o linguriță sau o lingură obișnuită, aruncați aluatul de biscuiți în movile pe foile de copt, distanțați-le la aproximativ doi centimetri.

i) Coaceți fursecurile câte o foaie în cuptorul preîncălzit pentru aproximativ 12 minute, sau până când marginile sunt ușor aurii. Centrele ar trebui să fie încă ușor moi.

j) Scoateți fursecurile din cuptor și lăsați-le să se răcească pe un grătar.

k) Odată ce s-au răcit, aceste prăjituri cu ciocolată Mocha Toffee Chip sunt gata pentru a fi savurate. Sunt un amestec încântător de ciocolată, Mocha și caramel la fiecare mușcătură!

53. Plăcintă cu moca de caramel

INGREDIENTE:
PENTRU CRASTĂ:
- 1 ½ cană biscuiți cu ciocolată zdrobită (cum ar fi biscuiți graham de ciocolată sau napolitane de ciocolată)
- 6 linguri de unt nesarat, topit

PENTRU Umplutura:
- 1 cană smântână groasă
- ½ cană lapte
- ¼ cană zahăr granulat
- 2 linguri granule de cafea instant
- 1 lingura amidon de porumb
- ¼ lingurita sare
- 4 gălbenușuri mari
- 1 lingurita extract de vanilie
- ½ cană de biți de caramel sau bomboane de caramel zdrobite

PENTRU TOPING:
- 1 cană smântână groasă
- 2 linguri de zahar pudra
- ½ linguriță extract de vanilie
- Așchii de ciocolată sau pudră de cacao, pentru garnitură (opțional)

INSTRUCȚIUNI:

a) Preîncălziți cuptorul la 350°F (175°C).

b) Într-un castron, combinați prăjiturile de ciocolată zdrobite și untul topit. Se amestecă până când firimiturile sunt acoperite uniform.

c) Apăsați amestecul de pesmet în partea de jos și în sus pe părțile laterale ale unui vas de plăcintă de 9 inci pentru a forma crusta.

d) Coaceți crusta în cuptorul preîncălzit pentru aproximativ 10 minute. Scoatem din cuptor si lasam sa se raceasca complet.

e) Într-o cratiță, combinați smântâna groasă, laptele, zahărul granulat, granulele de cafea instant, amidonul de porumb și sarea. Bateți până când granulele de cafea și amidonul de porumb se dizolvă.

f) Puneti cratita la foc mediu si gatiti, amestecand continuu, pana cand amestecul se ingroasa si ajunge la un clocot usor.

g) Într-un castron separat, bateți gălbenușurile. Adăugați treptat o cantitate mică din amestecul de smântână fierbinte la gălbenușurile de ou în timp ce amestecați continuu. Acest lucru va tempera ouăle și le va împiedica să se amestece.

h) Turnați încet amestecul de ouă călite înapoi în cratiță, amestecând constant.

i) Continuați să gătiți amestecul la foc mediu, amestecând constant, până când se îngroașă până la o consistență asemănătoare budincii. Se ia de pe foc.

j) Se amestecă extractul de vanilie și bucățile de caramel până când acestea sunt distribuite uniform în umplutură.

k) Turnați umplutura în crusta răcită și întindeți-o uniform.

l) Acoperiți plăcinta cu folie de plastic, asigurându-vă că atinge suprafața umpluturii pentru a preveni formarea pielii. Se da la frigider pentru cel putin 4 ore sau pana se fixeaza.

m) Înainte de servire, pregătiți toppingul cu frișcă. Într-un castron, bateți smântâna groasă, zahărul pudră și extractul de vanilie până se formează vârfuri moi.

n) Întindeți sau treceți frișca peste plăcinta răcită.

o) Opțional: Ornați cu așchii de ciocolată sau pudră de cacao.

p) Tăiați și serviți plăcinta cu moka și bucurați-vă de aromele sale bogate, cremoase și delicioase!

q) Această plăcintă cu toffee mocha va impresiona cu siguranță prin combinația sa de cafea, caramel și ciocolată. Este un desert perfect pentru orice ocazie sau pentru a-ți satisface pofta de dulce.

54. Oală de cremă cu cioburi de caramel de trandafir și fistic

INGREDIENTE:
- ⅔ cană (100 g) fistic felii
- ¼ cană petale de trandafir uscate (vezi nota)
- 345 g zahăr tos
- 2 frunze de gelatină rezistentă la aur (vezi nota)
- ¾ cană (185 ml) lapte
- 5 gălbenușuri de ou
- 1 lingură apă de trandafiri (vezi nota)
- 2 picături colorant alimentar roz
- 300 ml smântână îngroșată, plus frișcă suplimentară pentru servire
- Petale de trandafiri proaspete nestropite, pentru ornat

INSTRUCȚIUNI:
a) Combinați fisticul tăiat și petalele de trandafir uscate și întindeți-le uniform pe o tavă de copt tapetată.
b) Pune 1 cană (220 g) de zahăr și ¼ de cană (3 linguri) de apă într-o tigaie la foc mic. Se amestecă până se dizolvă zahărul. Creșteți căldura la mediu. Fara a amesteca, gatiti 3-4 minute pana se obtine un caramel auriu usor. Turnați caramelul peste nuci și petale pe tava de copt, apoi lăsați-l deoparte 15 minute să se răcească complet. Odată răcit, spargeți caramelul în bucăți. (Puteți face acest lucru cu o zi înainte și depozitați cioburi într-un recipient etanș.)
c) Înmuiați frunzele de gelatină în apă rece timp de 5 minute pentru a se înmoaie. Între timp, aduceți laptele chiar sub punctul de fierbere într-o tigaie la foc mediu.
d) Într-un castron, bate gălbenușurile și restul de 125 g de zahăr până se decolorează. Se amestecă treptat laptele. Apoi, puneți amestecul înapoi în tigaie la foc mic, amestecând continuu până se îngroașă suficient pentru a acoperi spatele unei linguri.
e) Se ia amestecul de pe foc, se stoarce excesul de apa din frunzele de gelatina si se adauga gelatina la amestecul de lapte, amestecand pana se omogenizeaza bine. Se toarnă amestecul printr-o sită într-un bol. Se amestecă apa de trandafiri și colorantul alimentar. Lăsați amestecul să se răcească timp de 1 oră.
f) Bateți smântâna îngroșată până la vârfuri moi și amestecați-o ușor în amestecul de lapte răcit, având grijă să păstrați cât mai mult aer. Împărțiți amestecul în șase rame de 150 ml. Răciți ramekinele timp de 4 ore până când cremele se întăresc. (Le puteți face cu o zi înainte.)
g) Serviți cremele cu petale de trandafir acoperite cu frișcă suplimentară și cioburi de zahăr. Decorați cu petale de trandafiri proaspete.

55.Tort Banoffee

INGREDIENTE:
PENTRU TORTUL DE BANANE:
- 2 căni de făină universală
- 1 ½ linguriță de praf de copt
- ½ lingurita de bicarbonat de sodiu
- ¼ lingurita sare
- ½ cană unt nesărat, înmuiat
- 1 cană zahăr granulat
- 2 ouă mari
- 1 lingurita extract de vanilie
- 3 banane coapte, piure
- ½ cană de zară

PENTRU UMPLUREA DE CAAU:
- 1 conserve (14 uncii) de lapte condensat îndulcit
- ½ cană de unt nesărat
- ½ cană zahăr brun deschis
- ½ linguriță extract de vanilie

PENTRU GLAURA DE CARAMUL:
- 1 ½ cană de unt nesărat, înmuiat
- 4 căni de zahăr pudră
- ¼ cană sos de caramel (poate fi cumpărat din magazin sau de casă)
- 1 lingurita extract de vanilie

TOPPING OPȚIONAL:
- Banane feliate
- Așchii de ciocolată
- Sos de caramel

INSTRUCȚIUNI:
PENTRU TORTUL DE BANANE:
a) Preîncălziți cuptorul la 180°C (350°F) și ungeți și făinați două forme rotunde de 9 inci pentru tort.
b) Într-un castron mediu, amestecați făina, praful de copt, bicarbonatul de sodiu și sarea. Pus deoparte.
c) Într-un castron mare, cremă untul înmuiat și zahărul granulat până devine ușor și pufos.
d) Adaugam ouale pe rand, batand bine dupa fiecare adaugare. Se amestecă extractul de vanilie.
e) Se amestecă piureul de banane până se omogenizează bine.
f) Adăugați treptat ingredientele uscate în amestecul de unt, alternând cu zara, începând și terminând cu ingredientele uscate. Se amestecă până când se combină.
g) Împărțiți aluatul în mod egal între formele de tort pregătite, netezind blaturile cu o spatulă.
h) Coacem in cuptorul preincalzit aproximativ 25-30 de minute sau pana cand o scobitoare introdusa in centrul prajiturii iese curata.
i) Scoateți prăjiturile din cuptor și lăsați-le să se răcească în tavă timp de 10 minute. Apoi, transferați-le pe un grătar pentru a se răci complet.

PENTRU UMPLUREA DE CAAU:
j) Într-o cratiță medie, combinați laptele condensat îndulcit, untul și zahărul brun.
k) Gatiti la foc mediu, amestecand continuu, pana cand amestecul se ingroasa si se transforma intr-o consistenta asemanatoare caramelului, aproximativ 10-15 minute.
l) Se ia de pe foc si se adauga extractul de vanilie.
m) Lăsați umplutura de toffee să se răcească complet înainte de utilizare.

PENTRU GLAURA DE CARAMUL:
n) Într-un castron mare, bateți untul înmuiat până devine cremos și neted.
o) Adaugam treptat zaharul pudra, cate o cana, batand bine dupa fiecare adaugare.

p) Adăugați sosul de toffee și extractul de vanilie și continuați să bateți până când glazura devine ușoară și pufoasă.

ASAMBLARE:

q) Așezați un strat de prăjitură cu banane pe o farfurie de servire sau pe un suport de prăjitură. Întindeți o cantitate generoasă de umplutură de toffee uniform deasupra.

r) Așezați al doilea strat de prăjitură deasupra și înghețați întregul tort cu glazura de toffee, folosind o spatulă sau un neted pentru tort pentru a crea un finisaj neted.

s) Opțional: Ornați tortul cu banane feliate, așchii de ciocolată și un strop de sos caramel pentru un plus de decor și aromă.

t) Tăiați și serviți tortul banoffee, savurând

56. No-Bake Vodka Toffee mere Cheesecake

INGREDIENTE:
- 6 mere rosii
- 1 lingura suc de lamaie
- 230 g Turtă dulce Grantham sau nuci dulce
- 60 g unt, topit
- 300 ml crema dubla
- 50 g zahăr pudră
- 150 ml iaurt grecesc
- 310 g brânză moale ușoară
- 2 linguri Vodka Toffee
- 3,5 uncii de zahăr granulat

INSTRUCȚIUNI:
a) Curățați 4 mere și tăiați-le în bucăți de 1 cm. Puneți într-un bol de sticlă cu sucul de lămâie și cuptorul cu microunde la putere maximă timp de 3 minute. Amesteca bine. Puneți la microunde încă 2-3 minute până când devine moale cu câteva cocoloașe. Se lasa la racit.
b) Trimiteți biscuiții într-un robot de bucătărie până se formează firimituri fine. Adăugați untul și amestecați până se amestecă. Tapetați baza unei forme libere de 20 cm cu hârtie de copt. Răspundeți firimiturile și apăsați cu dosul unei linguri. Răciți până când este necesar. Tapetați părțile laterale ale formei cu o fâșie lungă de hârtie de copt.
c) Bateți smântâna și zahărul pudră până se formează vârfuri moi. Puneți iaurtul, brânza moale, vodca și sosul de mere într-un castron mare și amestecați ușor până se amestecă uniform - nu bateți prea mult. Incorporati usor crema. Se pune peste bază, se nivelează cu dosul unei linguri și se răcește peste noapte.
d) Taiati miezul si feliati subtiri ultimele 2 mere. Se usucă cu o rolă de bucătărie. Pune o foaie de rulou de bucătărie pe o farfurie care poate fi cuptorul cu microunde și aranjează deasupra jumătate din feliile de măr. Pune la microunde la 800 W timp de 3 minute. Întoarceți feliile de mere, uscați-le cu un rulou de bucătărie și puneți la microunde încă 3 minute până când se usucă și aproape se usucă. Dă deoparte și repetă cu mărul rămas.

e) Pune o foaie de hârtie de copt pe un grătar. Pune zahărul și 4 linguri de apă într-o tigaie mică. Se încălzește ușor fără a amesteca, până când zahărul se topește. Fierbeți 3-4 minute până când obțineți un caramel auriu-miere. Se ia de pe foc, se adaugă ¼ din mărul uscat, se amestecă pentru a se acoperi, apoi se ridică unul câte unul, lăsând excesul de caramel să picure înapoi în tigaie. Aranjați pe hârtie de copt.
f) Repetați încă de trei ori. Dacă caramelul se îngroașă, încălziți ușor timp de 20 de secunde.
g) Ridicați cheesecake-ul pe o farfurie și îndepărtați hârtia de copt. Aranjați deasupra felii de mere caramel, presărați peste biscuiți cu ghimbir zdrobiți dacă doriți și serviți.

57.Tort Toffee Poke

INGREDIENTE:
- 1 pachet amestec de tort cu ciocolata (dimensiune normala)
- 1 borcan (17 uncii) topping de înghețată scotch-caramel cu unt
- 1 cutie (12 uncii) topping batut congelat, dezghetat
- 1 cană de unt
- 3 batoane de bomboane Heath (1,4 uncii fiecare), tocate

INSTRUCȚIUNI:
a) Pregătiți și coaceți prăjitura conform instrucțiunilor de pe ambalaj, folosind untul .
b) Se răcește pe un grătar.
c) Folosind mânerul unei linguri de lemn, faceți găuri în tort. Turnați 3/4 cană de topping de caramel în găuri. Peste tort se pune caramelul rămas. Acoperiți cu topping bătut. Stropiți cu bomboane.
d) Dati la frigider cel putin 2 ore inainte de servire.

58.Tartele Banoffee fără coacere

INGREDIENTE:
PENTRU BAZE:
- 1 cană curmale uscate
- ½ cană migdale măcinate
- ¼ linguriță de scorțișoară
- 1 cană caju crude

PENTRU Umplutura:
- ½ cană curmale uscate
- ½ cană unt de arahide
- ½ lingurita de vanilie
- ¼ cană ulei de cocos
- 1 banană
- ¼ cană cremă de cocos

PENTRU TOPING:
- ½ cană cremă de cocos, rece
- ½ banană, feliată

INSTRUCȚIUNI:
PREGĂȚI CUVIILE DE TARTELE:
a) Tapetați baza a 6 forme de 10 cm cu hârtie de copt sau 1 tavă de 22 cm.
FAZ BAZA:
b) Înmuiați curmalele în apă clocotită timp de 10 minute, apoi scurgeți-le.
c) Într-un robot de bucătărie, combinați curmalele înmuiate, migdalele măcinate, scorțișoara și nucile de caju crude.
d) Se amestecă pană devine lipicios și bine combinat, păstrând o anumită textură. Împărțiți amestecul în forme, apăsând-o pentru a căptuși baza și părțile laterale ale fiecăreia. Puneți la frigider în timp ce pregătiți umplutura.
PREGĂTIȚI Umplutura:
e) Înmuiați curmalele timp de 10 minute în apă clocotită, apoi scurgeți-le.
f) În robotul de bucătărie, combinați curmalele înmuiate, untul de arahide, vanilia, uleiul de cocos, banana și crema de nucă de cocos. Se amestecă până la omogenizare. Turnați umplutura în formele de tarte, netezind blaturile. Pune la congelator pentru cel puțin 2 ore sau până când este gata de mâncare.
ASABLARE SI SERVIRE:
g) Înainte de servire, bateți crema de cocos răcită până se îngroașă.
h) Pune o lingură de frișcă de cocos deasupra fiecărei tarte.
i) Terminați cu banane feliate ca topping delicios.

59.Sundae cu înghețată Banoffee

INGREDIENTE:
- ½ cană nuci pecan tocate
- 3 linguri de unt
- ½ cană de zahăr brun închis la pachet
- ⅔ cană smântână groasă
- Vârf de cuțit de sare
- 1 cutie de înghețată de vanilie (48 uncii).
- 4 banane mici, feliate

INSTRUCȚIUNI:
a) Într-o cratiță mică uscată, la foc mediu, prăjiți nucile pecan tocate până se simt parfumate, amestecând din când în când. Scoateți din tigaie.

PREPARATI SOS CARAMEL:
b) Într-o cratiță, aduceți untul, zahărul brun închis, smântâna și sarea la fierbere la foc mediu.
c) Gatiti 1-2 minute, amestecand din cand in cand, pana cand amestecul se ingroasa, iar zaharul se dizolva. Se răcește ușor sosul.

ASSAMBLAȚI SUNDALES:
d) Pune o cantitate mică de sos de caramel în fiecare dintre cele 4 căni de servire.
e) Adăugați o lingură de înghețată de vanilie deasupra sosului.
f) Peste inghetata se aseaza bananele feliate.
g) Adauga inca o lingura de inghetata de vanilie.
h) Stropiți mai mult sos de caramel peste înghețată.
i) Se presară cu nuci pecan prăjite.

60.Brownie Toffee Fleac

INGREDIENTE:
- 1 pachet amestec de brownie cu fudge (dimensiune tigaie 13 in. x 9 inchi)
- 4 lingurite granule de cafea instant
- ¼ cană apă caldă
- 1¾ cani de lapte rece
- 1 pachet (3,4 uncii) amestec de budincă instant de vanilie
- 2 căni de topping bătut
- 1 pachet (11 uncii) de vanilie sau chipsuri albe de copt
- 3 batoane de bomboane Heath (1,55 uncii fiecare), tocate

INSTRUCȚIUNI:
a) Urmați instrucțiunile de pe ambalaj pentru a pregăti și coace brownies. Misto; tăiați în ¾-in. cuburi.
b) Topiți granulele de cafea în apă caldă. Bate amestecul de budincă și laptele timp de 2 minute la viteză mică într-un castron mare; bateți amestecul de cafea. Îndoiți toppingul bătut.
c) Puneti ½ cuburi de brownie, batoane de bomboane, chipsuri de vanilie si budinca intr-un 3-qt. fleac pahar/bol; repeta straturile. Acoperi; da la frigider minim 1 ora inainte de servire.

61.Tort Bundt Banoffee cu nuci

INGREDIENTE:
- 1 pachet Krusteaz Scorțișoară Swirl Crumb Crumb Mix și Muffin
- 1 ou
- ⅔ Cană de apă
- 1 lingurita extract de vanilie
- ½ cană nuci pecan tocate
- ¼ de cană de biți de caramel
- 2 banane coapte, piure
- ¼ cană sos caramel
- Spray de gatit

INSTRUCȚIUNI:

a) Încinge cuptorul la 350°F. Ungeți ușor o tavă cu 6 cani cu spray de gătit.

b) Într-un castron, combinați amestecul de prăjitură, oul, apa, extractul de vanilie, ¼ de cană de nuci pecan tocate, bucățile de caramel și piureul de banane până se încorporează. Aluatul va fi ușor cocoloaș.

c) Pune jumătate din aluat în tava pregătită și întinde-o uniform. Presărați jumătate din punga de topping cu scorțișoară peste aluat. Puneți aluatul rămas în lingurițe mici peste stratul de acoperire și întindeți-l pe marginea cratiței. Presărați uniform toppingul rămas peste aluat.

d) Coacem in cuptorul preincalzit 40-45 de minute sau pana cand o scobitoare introdusa in centru iese curata.

e) Răciți tortul timp de 5-10 minute. Slăbiți marginile tortului din tavă cu un cuțit de unt și răsturnați-l cu grijă pe un platou de servire.

f) Stropiți tortul cu sos de caramel și ornezați cu nucile pecan tocate rămase.

62. Toffee Crunch Éclairs

INGREDIENTE:
PENTRU PATISERIE CHOUX:
- 1 cană apă
- 1/2 cană unt nesărat
- 1 cană de făină universală
- 4 ouă mari

PENTRU UMPLUTURA:
- 2 cani de crema de patiserie cu aroma de caramel

PENTRU GARNITURA TOFFEE CRUNCH:
- 1 cană de biți de caramelă sau bomboane de caramel zdrobite
- 1/2 cană nuci tocate (de exemplu, migdale sau nuci pecan)

PENTRU GLAZURI:
- 1/2 cana ciocolata neagra, tocata
- 1/4 cana unt nesarat
- 1 cană de zahăr pudră
- 1/4 cană apă fierbinte

INSTRUCȚIUNI:
CHOUX PATERT:
a) Preîncălziți cuptorul la 375 ° F (190 ° C) și tapetați o tavă de copt cu hârtie de copt.
b) Într-o cratiță, combinați apa și untul. Se încălzește la foc mediu până când untul se topește și amestecul ajunge la fierbere.
c) Se ia de pe foc, se adauga faina si se amesteca energic pana cand amestecul formeaza o bila.
d) Lasam aluatul la rece cateva minute, apoi adaugam ouale pe rand, batand bine dupa fiecare adaugare.
e) Transferați aluatul într-o pungă și puneți éclairs pe foaia de copt pregătită.
f) Coaceți aproximativ 30 de minute sau până când se rumenesc. Se lasa sa se raceasca.

UMPLERE:
g) Pregătiți crema de patiserie cu aromă de caramel. Puteți adăuga extract de caramel sau bucăți de caramel zdrobit la o rețetă clasică de cremă de patiserie sau puteți utiliza o cremă de patiserie pre-preparată cu aromă de caramel.

h) Umpleți éclairs-urile cu crema de patiserie cu aromă de caramel folosind o pungă sau o lingură mică.
GARNITURA DE CAFEU CRUNCH:
i) Într-un castron, amestecați bucățile de caramel și nucile mărunțite.
j) Presărați cu generozitate toffee crunch peste éclairurile umplute, asigurând o acoperire uniformă.
GLAZURĂ:
k) Într-un castron termorezistent, topește ciocolata neagră și untul la o fierbere dublă.
l) Se ia de pe foc, se adaugă zahăr pudră și se amestecă treptat cu apă fierbinte până se omogenizează.
m) Înmuiați partea superioară a fiecărui éclair în glazura de ciocolată neagră, asigurând o acoperire uniformă. Lăsați excesul să se scurgă.
n) Puneți éclairs glazurați pe o tavă și lăsați-i să se răcească până se întărește ciocolata.
o) Serviți rece și savurați bunătatea dulce și crocantă a Toffee Crunch Éclairs!

63.Prajituri Toffee cu unt de arahide

INGREDIENTE:
- 1 banană coaptă, piure
- 1/4 cană unt de arahide cremos
- 1/4 cană miere
- 1 lingurita extract de vanilie
- 1 cană de ovăz de modă veche
- 1/4 cană biți de caramel
- 1/4 cana nuci tocate (cum ar fi migdale sau nuci pecan)

INSTRUCȚIUNI:
a) Preîncălziți cuptorul la 350 ° F (175 ° C) și tapetați o tavă de copt cu hârtie de copt.
b) Într-un castron mare, combinați piureul de banane, untul de arahide, mierea și extractul de vanilie până la omogenizare.
c) Se amestecă ovăzul, bucățile de caramel și nucile mărunțite până se combină bine.
d) Puneți linguri de aluat de biscuiți pe foaia de copt pregătită, distanțându-le la aproximativ 2 inci.
e) Aplatizați ușor fiecare fursec cu dosul unei linguri.
f) Coaceți 12-15 minute, sau până când marginile sunt aurii.
g) Lăsați fursecurile să se răcească pe tava de copt câteva minute înainte de a le transfera pe un grătar pentru a se răci complet.
h) Bucurați-vă de aceste prăjituri sănătoase și delicioase pentru micul dejun Toffee ca opțiune de mic dejun de luat!

64. Toffee englezesc

INGREDIENTE:
- 1 cană de unt
- 1 ¼ cană de zahăr alb
- 2 linguri de apa
- ¼ cană de migdale tăiate
- 1 cană chipsuri de ciocolată

INSTRUCȚIUNI:

a) Ungeți cu unt o tigaie cu jeleu de 10 x 15 inci.

b) Topiți untul într-o tigaie grea la foc mediu. Se amestecă zahărul și apa. Se aduce la fierbere și se adaugă migdale. Gatiti, amestecand continuu pana cand nucile sunt prajite si zaharul este auriu. Se toarnă amestecul în tava pregătită; nu răspândiți.

c) Presărați imediat fulgii de ciocolată deasupra. Lasam sa stea un minut, apoi intindem ciocolata deasupra. Se lasa sa se raceasca complet, apoi se rupe in bucati.

65. Plăcintă cu cremă de caramele

INGREDIENTE:
- 1-1/2 cani de smantana jumatate
- 1 pachet (3,4 uncii) amestec de budincă instant de vanilie
- 6 batoane de bomboane Heath (1,4 uncii fiecare), tocate
- 1 cutie (8 uncii) de topping congelat, dezghețat, împărțit
- 1 crustă de pesmet de ciocolată (9 inci)

INSTRUCȚIUNI:

a) Amestecați amestecul de budincă cu smântâna într-un castron mare timp de 2 minute. Lasă-l să stea 2 min. până la setarea parțială. Se amestecă 1 cană de bomboane tocate. Îndoiți 2 căni de topping bătut. Se toarnă peste crustă.

b) Întindeți blatul cu topping-ul rămas și stropiți cu bomboane rămase. Congelați, acoperit, până se întăresc timp de minim 4 ore.

66. Fondue de caramel

INGREDIENTE:
- 1 pachet caramele Kraft (mari)
- ¼ cană lapte
- ¼ cană cafea neagră tare
- ½ cană chipsuri de ciocolată cu lapte --
- Bucuri de mere
- Bucăți de banană
- Bezele
- Tort cu mâncare de înger -- cuburi de 1 inch

INSTRUCȚIUNI:

a) Puneți caramelele, laptele, cafeaua și fulgii de ciocolată în partea de sus a cazanului; se fierbe peste apa clocotita, amestecand, pana se topeste si se omogenizeaza. Puneți în oală pentru fondue.

b) Fructe spear, bezele și prăjitură pe furculițe pentru fondue; scufundați în fondue.

67. Espresso Toffee Crunch Semifreddo

INGREDIENTE:
- 4 gălbenușuri de ou
- ½ cană zahăr granulat
- 1 cană smântână groasă
- ¼ de cană de espresso puternic preparat, răcit
- ½ cană de biți de caramel
- ¼ cană boabe espresso zdrobite acoperite cu ciocolată (pentru garnitură)

INSTRUCȚIUNI:
a) Într-un castron mare, amestecați gălbenușurile de ou și zahărul până când devine palid și cremos.
b) Într-un castron separat, bate smântâna groasă până se formează vârfuri moi.
c) Îndoiți ușor espressoul preparat și bucățile de caramel în frișcă.
d) Adăugați treptat amestecul de frișcă în amestecul de gălbenușuri de ou, pliând ușor până se omogenizează bine.
e) Se toarnă amestecul într-o tavă de pâine sau într-un ramekin individual și se presară cu boabe espresso măcinate acoperite cu ciocolată.
f) Congelați cel puțin 6 ore sau peste noapte.
g) Pentru a servi, scoateți din congelator și lăsați-l să stea câteva minute la temperatura camerei înainte de a tăia felii.

68.Parfaituri de cafea-toffee

INGREDIENTE:
- 3 căni de cafea cu lapte cu gheață

TOFFEE CRUNCH
- 6 linguri de topping congelat, cu conținut scăzut de calorii, dezghețat
- ½ cană zahăr brun închis ferm ambalat
- ¼ cană migdale tăiate felii
- 2 lingurite Stick margarina, inmuiata
- Spray de gatit pentru legume

INSTRUCȚIUNI:
a) Puneți ¼ de cană de lapte cu gheață de cafea în fiecare dintre cele 6 pahare de parfait, acoperiți fiecare cu 2 linguri Toffee Crunch.
b) Repetați straturile și acoperiți fiecare parfait cu 1 lingură de topping bătut. Congelați pană când este gata de servire. Face: 6 portii.

PENTRU TOFFEE CRUNCH:
c) Combinați zahărul, migdalele și margarina într-un robot de bucătărie și pulsați de 10 ori sau până când nucile sunt tocate fin. Apăsați amestecul într-un cerc de 7 inci pe o foaie de copt acoperită cu spray de gătit.
d) Se prăjește timp de 1 minut până când devine clocotită, dar nu se ars. Scoateți din cuptor și lăsați să stea 5 minute. Întoarceți ușor toffee-ul, folosind o spatulă largă și fierbeți încă un minut.
e) Scoateți din cuptor și lăsați să se răcească. Rupeți amestecul de toffee în bucăți de ½ inch.

69.Budincă de pâine Toffee

INGREDIENTE:
- 6 căni de pâine de o zi cuburi
- 2 cani de lapte
- 1/2 cană smântână groasă
- 3 ouă mari
- 1/2 cană zahăr granulat
- 1 lingurita extract de vanilie
- 1/2 cană biți de caramel
- Sos de caramel pentru servire

INSTRUCȚIUNI:
a) Preîncălziți cuptorul la 350 ° F (175 ° C) și ungeți o tavă de copt de 9 x 13 inci.
b) Așezați pâinea tăiată în cuburi în vasul de copt pregătit.
c) Într-un castron, amestecați laptele, smântâna groasă, ouăle, zahărul și extractul de vanilie până se combină bine.
d) Turnați amestecul de lapte peste cuburile de pâine, asigurându-vă că toată pâinea este acoperită.
e) Presărați bucatele de toffee uniform deasupra.
f) Lăsați budinca de pâine să stea aproximativ 15 minute pentru a permite pâinii să absoarbă lichidul.
g) Coaceți timp de 35-40 de minute, sau până când budinca este întărită și deasupra este aurie.
h) Se serveste cald cu sos de caramel stropit deasupra. Bucurați-vă de această budincă de pâine Toffee reconfortantă ca desert delicios!

70. Batoane Toffee Cheesecake

INGREDIENTE:
- 2 căni de firimituri de biscuiți Graham
- 1/2 cana unt nesarat, topit
- 16 uncii cremă de brânză, înmuiată
- 1/2 cană zahăr granulat
- 2 ouă mari
- 1 lingurita extract de vanilie
- 1/2 cană biți de caramel

INSTRUCȚIUNI:
a)   Preîncălziți cuptorul la 350 ° F (175 ° C) și tapetați o tavă de copt de 8 x 8 inci cu hârtie de copt.
b)   Într-un castron, combinați firimiturile de biscuiți Graham și untul topit până se amestecă bine.
c)   Apăsați uniform amestecul în fundul vasului de copt pregătit pentru a forma crusta.
d)   Într-un alt castron, bate crema de brânză și zahărul până devine omogen și cremos.
e)   Adaugam ouale pe rand, batand bine dupa fiecare adaugare. Se amestecă extractul de vanilie.
f)   Îndoiți bucățile de caramel până când se distribuie uniform în amestec.
g)   Se toarnă amestecul de cremă de brânză peste crusta de biscuiți Graham și se întinde uniform.
h)   Coaceți timp de 25-30 de minute sau până când marginile sunt setate și centrul este ușor agitat.
i)   Lăsați batoanele de cheesecake să se răcească complet în tava de copt înainte de a le tăia în pătrate. Bucurați-vă de aceste batoane bogate și cremoase Toffee Cheesecake, ca un răsfăț decadent!

71. Toffee Apple Crisp

INGREDIENTE:
- 4 căni de mere feliate (cum ar fi Granny Smith sau Honeycrisp)
- 1 lingura suc de lamaie
- 1/2 cană zahăr granulat
- 1/4 cană făină universală
- 1/2 lingurita de scortisoara macinata
- 1/4 lingurita nucsoara macinata
- 1 cană de ovăz de modă veche
- 1/2 cană făină universală
- 1/2 cană zahăr brun la pachet
- 1/4 cană biți de caramel
- 1/2 cana unt nesarat, topit

INSTRUCȚIUNI:

a) Preîncălziți cuptorul la 350 ° F (175 ° C) și ungeți o tavă de copt de 9 x 9 inci.

b) Într-un castron mare, amestecați merele tăiate felii cu suc de lămâie până se îmbracă.

c) Într-un castron separat, combina zahărul granulat, 1/4 cană făină, scorțișoară și nucșoară. Adăugați acest amestec la mere și amestecați pentru a se acoperi.

d) Întindeți amestecul de mere uniform în vasul de copt pregătit.

e) Într-un castron, combinați ovăzul, 1/2 cană de făină, zahărul brun și bucățile de caramel. Se amestecă untul topit până se sfărâmiciază.

f) Presărați amestecul de ovăz uniform peste merele din vasul de copt.

g) Coaceți timp de 35-40 de minute, sau până când toppingul este maro auriu și merele sunt fragede.

h) Se serveste cald cu o lingura de inghetata de vanilie sau o lingura de frisca. Bucurați-vă de acest Confortant Toffee Apple Crisp ca desert delicios!

72. Toffee Banana Split

INGREDIENTE:
- 2 banane coapte
- 2 linguri de inghetata de vanilie
- Sos de ciocolata
- Sos de caramel
- Frisca
- cireșe maraschino
- Bucăți de caramel

INSTRUCȚIUNI:
a) Curata bananele si tai-le fiecare in jumatate pe lungime.
b) Puneți jumătățile de banane într-un vas de servire sau într-o barcă.
c) Acoperiți fiecare jumătate de banană cu o lingură de înghețată de vanilie.
d) Stropiți cu sos de ciocolată și sos de caramel.
e) Se ornează cu frișcă, cireșe maraschino și puține bucăți de caramel.
f) Serviți imediat și bucurați-vă de acest indulgent Toffee Banana Split ca un desert clasic, cu o notă delicioasă!

73. Plăcintă Toffee Pecan

INGREDIENTE:
- 1 crustă de plăcintă necoaptă (de casă sau cumpărată din magazin)
- 3 ouă mari
- 1 cană sirop de porumb
- 1 cană zahăr granulat
- 2 linguri de unt nesarat, topit
- 1 lingurita extract de vanilie
- Vârf de cuțit de sare
- 1 cană nuci pecan tocate
- 1/2 cană biți de caramel

INSTRUCȚIUNI:
a) Preîncălziți cuptorul la 350 ° F (175 ° C) și puneți crusta de plăcintă necoaptă într-o tavă de plăcintă de 9 inci.
b) Într-un bol de mixare, bate ouăle. Adăugați siropul de porumb, zahărul, untul topit, extractul de vanilie și sarea și amestecați până se omogenizează bine.
c) Se amestecă nucile pecan tocate și bucățile de caramel până se distribuie uniform.
d) Turnați amestecul în crusta de plăcintă.
e) Coaceți timp de 50-60 de minute, sau până când umplutura este întărită și crusta este maro aurie.
f) Lăsați plăcinta să se răcească complet înainte de a tăia și servi Bucurați-vă de această plăcintă decadentă Toffee Pecan ca un desert delicios pentru orice ocazie!

CONDIMENTE

74. Toffee Unt

INGREDIENTE:
- 1/2 cană unt nesărat, înmuiat
- 2 linguri de zahar pudra
- 1/4 cană biți de caramel

INSTRUCȚIUNI:
a) Într-un castron, bateți untul înmuiat până devine omogen și cremos.
b) Se adauga zaharul pudra si se bate pana se omogenizeaza bine.
c) Încorporați ușor bucățile de caramel până se distribuie uniform.
d) Transferați untul de caramel într-un vas de servire sau modelați într-un buștean folosind folie de plastic.
e) Servește untul de toffee pe pâine prăjită, brioșe, scones sau clătite pentru o întindere bogată și îngăduitoare.

75.Glazură Toffee Vanilie

INGREDIENTE:
- 1½ cani de unt nesarat, inmuiat
- 4 căni de zahăr pudră
- ¼ cană sos de caramel (poate fi cumpărat din magazin sau de casă)
- 1 lingurita extract de vanilie

INSTRUCȚIUNI:
a) Într-un castron mare, bateți untul înmuiat până devine cremos și neted.
b) Adăugați treptat zahărul pudră, câte o cană, batând bine după fiecare adăugare.
c) Adăugați sosul de toffee și extractul de vanilie și continuați să bateți până când glazura devine ușoară și pufoasă.

76.Sos Toffee

INGREDIENTE:
- 1 cană smântână groasă
- 1/2 cana unt nesarat
- 1 cană de zahăr brun
- 1/4 cană biți de caramel

INSTRUCȚIUNI:

a) Într-o cratiță, combinați smântâna groasă, untul nesărat și zahărul brun la foc mediu.

b) Se amestecă constant până când untul se topește și zahărul se dizolvă.

c) Aduceți amestecul la fierbere ușor, apoi reduceți focul la mic.

d) Se fierbe 5-7 minute, amestecand din cand in cand, pana cand sosul se ingroasa usor.

e) Se ia de pe foc și se amestecă bucățile de caramel până se topesc și se încorporează.

f) Lăsați sosul de toffee să se răcească puțin înainte de servire. Stropiți peste înghețată, clătite, vafe sau deserturi pentru o notă decadentă.

77.Frișcă Toffee

INGREDIENTE:
- 1 cană smântână groasă
- 2 linguri de zahar pudra
- 1 lingurita extract de vanilie
- 1/4 cană biți de caramel

INSTRUCȚIUNI:
a) Într-un castron, bateți smântâna groasă, zahărul pudră și extractul de vanilie până se formează vârfuri moi.
b) Încorporați ușor bucățile de caramel până se distribuie uniform.
c)   Utilizați frișca de caramel pentru a completa cacao fierbinte, cafea, deserturi sau fructe pentru un plus cremos și aromat.

78.Toffee cremă de brânză tartinată

INGREDIENTE:
- 8 uncii cremă de brânză, înmuiată
- 1/4 cană zahăr pudră
- 1 lingurita extract de vanilie
- 1/4 cană biți de caramel

INSTRUCȚIUNI:
a) Într-un castron, bateți crema de brânză înmuiată până devine omogenă și cremoasă.
b) Adăugați zahărul pudră și extractul de vanilie și bateți până se omogenizează bine.
c) Încorporați ușor bucățile de caramel până se distribuie uniform.
d) Întindeți brânză cu cremă de toffee pe covrigi, pâine prăjită, brioșe sau biscuiți pentru un topping dulce și cremos.

79. Miere infuzată cu caramele

INGREDIENTE:
- 1 cană miere
- 1/4 cană biți de caramel

INSTRUCȚIUNI:
a) Într-o cratiță mică, încălziți mierea la foc mic până se încălzește.
b) Se amestecă bucățile de caramel până când încep să se topească și să se infuzeze în miere.
c) Se ia de pe foc si se lasa putin sa se raceasca inainte de a se transfera intr-un borcan sau recipient.
d) Utilizați mierea infuzată cu caramel pentru a îndulci ceaiul, stropiți peste iaurt sau fulgi de ovăz sau folosiți-l ca glazură pentru legume sau carne prăjită.

80. Glazură de caramel

INGREDIENTE:
- 1 cană de zahăr pudră
- 2 linguri lapte sau smantana
- 1/4 lingurita extract de vanilie
- 2 linguri bucati de caramel

INSTRUCȚIUNI:
a) Într-un castron, amestecați zahărul pudră, laptele sau smântâna și extractul de vanilie până se omogenizează.
b) Se amestecă bucățile de caramel până se distribuie uniform.
c) Stropiți glazura peste prăjituri, cupcakes, brioșe sau rulouri cu scorțișoară pentru un topping dulce și aromat.

81. Sirop de caramel

INGREDIENTE:
- 1 cană apă
- 1 cană zahăr granulat
- 1/4 cană biți de caramel

INSTRUCȚIUNI:
a) Într-o cratiță, amestecați apa și zahărul granulat. Se încălzește la foc mediu, amestecând din când în când, până se dizolvă zahărul.
b) Odată ce zahărul este dizolvat, reduceți focul la mic și fierbeți timp de 5-7 minute până când siropul se îngroașă ușor.
c) Se ia de pe foc și se amestecă bucățile de caramel până se topesc și se infuzează în sirop.
d) Lăsați siropul de toffee să se răcească înainte de a-l transfera într-o sticlă sau borcan. Folosiți-l pentru a îndulci cafeaua, cocktail-uri sau stropiți peste clătite sau pâine prăjită.

82.Crema de caramel

INGREDIENTE:

- 1 cană smântână groasă
- 2 linguri de zahar pudra
- 1/4 cană biți de caramel

INSTRUCȚIUNI:

a) Într-un castron, bateți smântâna groasă și zahărul pudră până se formează vârfuri moi.

b) Încorporați ușor bucățile de caramel până se distribuie uniform.

c) Serviți crema de toffee alături de plăcinte, cizmar sau deserturi pentru un acompaniament delicios și cremos.

83.Sos pentru clătite Toffee

INGREDIENTE:
- 1/2 cană sirop de arțar
- 2 linguri de sos de toffee (din reteta de sos de toffee)

INSTRUCȚIUNI:
a) Într-o cratiță mică, încălziți siropul de arțar la foc mic până se încălzește.
b) Se amestecă sosul de toffee până se combină complet.
c) Se ia de pe foc si se lasa putin sa se raceasca.
d) Turnați sosul de clătite de toffee peste clătite sau vafe pentru un deliciu dulce și indulgent pentru micul dejun.

BĂUTURI

84. Toffee Milkshake

INGREDIENTE:
- 2 linguri de inghetata de vanilie
- 1/2 cană lapte
- 1/4 cană sos de toffee (vezi rețeta de mai sus)
- Frisca
- Bucăți de caramel pentru garnitură

INSTRUCȚIUNI:
a) Într-un blender, combinați înghețata de vanilie, laptele și sosul de toffee.
b) Se amestecă până când este omogen și cremos.
c) Turnați milkshake-ul într-un pahar.
d) Acoperiți cu frișcă și stropiți cu bucăți de caramel.
e) Bucurați-vă de acest milkshake toffee cremos și indulgent!

85.Ceai Iced Toffee

INGREDIENTE:
- 1 cană ceai negru preparat, răcit
- 1/4 cană sirop de toffee
- Cuburi de gheata
- Felii de lămâie pentru decor

INSTRUCȚIUNI:
a) Umpleți un pahar cu cuburi de gheață.
b) Turnați ceaiul negru preparat în pahar.
c) Se amestecă siropul de toffee până se amestecă bine.
d) Se ornează cu felii de lămâie.
e) Bucurați-vă de acest ceai cu gheață Toffee răcoritor și subtil dulce!

86. Frappuccino Banoffee

INGREDIENTE:
- 1 cană cafea preparată, răcită
- ½ cană lapte (lactate sau pe bază de plante)
- 2 banane coapte, congelate
- 2 linguri sirop de toffee
- Frisca pentru topping
- Bucăți de caramel zdrobit pentru ornat

INSTRUCȚIUNI:
a) Într-un blender, combinați cafeaua preparată răcită, laptele, bananele congelate și siropul de toffee.
b) Se amestecă până când este omogen și cremos.
c) Se toarnă într-un pahar, se pune pe deasupra frișcă și se ornează cu bucăți de caramel zdrobite.

87. Smoothie de cafea Banoffee

INGREDIENTE:
- 1 banană coaptă, congelată
- 1 cană cafea rece
- ½ cană lapte (lactate sau pe bază de plante)
- 2 linguri sirop de toffee
- 1 lingura unt de migdale
- Cuburi de gheata
- 1 lingurita pudra de cacao

INSTRUCȚIUNI:
a) Într-un blender, combinați banana congelată, cafeaua rece laptele, siropul de caramel și untul de migdale.
b) Se amestecă până la omogenizare.
c) Adăugați cuburi de gheață și amestecați din nou până obțineț consistența dorită.
d) Se toarnă într-un pahar și, opțional, se stropește cu sirop de toffee și pudră de cacao.

88.Smoothie cu proteine Banoffee

INGREDIENTE:
- 1 banană coaptă
- ½ cană pudră proteică de vanilie
- ¼ cană sos de toffee
- 1 cană lapte de migdale
- Cuburi de gheata

INSTRUCȚIUNI:
a) Amestecați bananele coapte, pudra de proteine de vanilie, sosul de toffee, laptele de migdale și cuburi de gheață până se combină bine.
b) Turnați într-un pahar și bucurați-vă de acest smoothie Banoffee plin de proteine.

89.Cocktail Banoffee Blitz

INGREDIENTE:

- 1 uncie (30 ml) rom condimentat
- 1 uncie (30 ml) Schnapps cu unt
- 1 uncie (30 ml) Sirop de Caramel Sărat
- 1 ½ uncie (45 ml) lapte
- ½ banană
- Gheață

INSTRUCȚIUNI:

a) Într-un blender, combinați 1 uncie de rom condimentat, 1 uncie de Schnapps cu unt, 1 uncie de sirop de caramel sărat, 1 ½ uncie de lapte și jumătate de banană.
b) Adăugați o mână de gheață în blender.
c) Amestecați toate ingredientele până obțineți o consistență netedă și cremoasă.
d) Turnați cocktailul într-un pahar sau într-un vas de servire la alegere.
e) Se ornează cu frișcă, un strop de scorțișoară măcinată și o banană spumă.
f) Servește și bucură-te de deliciosul tău cocktail Banoffee Blitz!

90.Vin de orz și Toffee

INGREDIENTE:
- Vin de orz Ale
- Prajitura Toffee-Tastic

INSTRUCȚIUNI:
a) Adăugați o mână de fursecuri în presa franceză.
b) Acoperiți cu 12 uncii de vin de orz și lăsați la infuzat timp de 3 minute, apoi apăsați filtrul și serviți.
c) Executați acest lucru prin câteva tulpini suplimentare de plasă deoarece trub de biscuiți a fost semnificativ în acesta. Poate lăsați-l să se odihnească mai mult dacă doriți ca prăjitura să iasă așa cum este intenționat.

91.Ceai Crème Brûlée Boba cu Toffee

INGREDIENTE:
BUDINDĂ CRÈME BRÛLÉE
- 2 linguri de zahar granulat
- 2 galbenusuri mari
- 1 cană smântână groasă
- ½ linguriță extract de vanilie

ZAHĂRU MARE BOBA
- ½ cană boba
- 3 linguri de zahar brun
- 1 praf de sare cușer

CEAI HOJICHA BOBA
- 2 cani de lapte
- 3 plicuri de ceai hojicha
- 2 linguri de zahar granulat
- 1 praf de sare cușer

ASAMBLARE
- Gheață
- ¼ cană bucăți de caramel zdrobite

INSTRUCȚIUNI:
BUDINDĂ CRÈME BRÛLÉE

a) Cu o seară înainte ai vrea să bei ceaiul Boba, să faci crema Brûlée, apoi să răcești peste noapte.
b) Preîncălziți cuptorul la 250F.
c) Într-un castron mediu, amestecați zahărul și gălbenușurile de ou până se omogenizează. Adăugați smântâna groasă și extractul de vanilie și amestecați pentru a se combina.
d) Puneți un recipient rezistent la cuptor cu o capacitate de 1 ½ cană într-o tavă de copt cu părți suficient de înalte, astfel încât apa să poată fi turnată până la jumătatea recipientului.
e) Fierbeți o oală medie de apă.
f) Turnați amestecul de cremă în recipientul rezistent la cuptor. Deschideți cuptorul și trageți ușor grătarul cuptorului, apoi puneți tava pe grătar.
g) Turnați ușor apa clocotită în tava de copt, având grijă să nu stropiți cu apă în cremă. Continuați să turnați apă clocotită până când ajunge

sau este puțin peste nivelul la care se află crema. Împingeți ușor grătarul cuptorului înapoi și închideți cuptorul.
h) Coaceți timp de 35-40 de minute, sau până când crema se întărește. Dacă pare lichid, mai coaceți încă 5 minute, apoi verificați din nou. Ar trebui să fie clătinat în centru, dar nu lichid.
i) Scoateți crema din baia de apă, apoi lăsați să se răcească la temperatura camerei. Dă la rece până se răcește.

ZAHĂRU MARE BOBA
j) Aduceți o oală medie cu apă la fiert, apoi adăugați boba și lăsați-o să fiarbă. Gatiti pana devine translucid si moale. Momentul va depinde de ce fel de boba aveți, așa că verificați ambalajul.
k) Scurgeți boba, apoi adăugați zahărul brun și sarea. Lasa sa se raceasca.

Ceai HOJICHA Boba
l) Se încălzește laptele până la aburi.
m) Adăugați pliculețele de ceai. Înmuiați ceaiul timp de 15 minute, apoi adăugați zahărul și un praf de sare. Stoarceți orice exces de lichid din pliculețele de ceai în ceaiul Boba, apoi aruncați pliculețele de ceai.
n) Dă la rece până se răcește și ține la frigider până când este gata de servire.

ASAMBLARE
o) Umpleți 4 pahare pe jumătate cu gheață. Împărțiți boba și ceaiul Boba între pahare și amestecați totul. Puneți o lingură mare de crème Brûlée în fiecare ceașcă și acoperiți cu bucăți de caramel. Se serveste rece!

92.Toffee Nut Latte

INGREDIENTE:
- 1 shot de espresso
- 1 cană lapte aburit
- 2 linguri sirop de nuci toffee

INSTRUCȚIUNI:
a) Preparați un shot de espresso.
b) Se fierbe laptele până devine spumos.
c) Se amestecă siropul de nuci de caramel.
d) Turnați espresso într-o ceașcă, acoperiți cu lapte aburit și amestecați.

93.Toffee rusesc

INGREDIENTE:
- 1 1/2 oz de vodcă
- 1/2 oz lichior de cafea
- 1/2 oz lichior de caramel
- 1 oz smântână sau lapte
- Cuburi de gheata

INSTRUCȚIUNI:
a) Umpleți un pahar cu cuburi de gheață.
b) Turnați vodca, lichior de cafea, lichior de caramel și smântână sau lapte în pahar.
c) Se amestecă până se amestecă bine.
d) Bucurați-vă de acest toffee rusesc cremos și decadent!

94. Banoffee Pie Martini

INGREDIENTE:
- 1½ uncii (45 ml) lichior de banane
- 1 uncie (30 ml) Vodcă Caramel
- 1 uncie (30 ml) lichior de cremă irlandeză (cum ar fi Baileys)
- 1 uncie (30 ml) Jumătate și jumătate (jumătate lapte, jumătate smântână)
- Gheață
- Frisca pentru garnitura
- Sos de caramel pentru stropire

INSTRUCȚIUNI:
a) Umpleți un shaker cu gheață.
b) Adăugați lichiorul de banane, vodca de caramel, lichiorul de cremă irlandeză și jumătate și jumătate în agitator.
c) Agitați bine până când amestecul se răcește.
d) Strecurați martini într-un pahar de martini răcit.
e) Se orneaza cu o praf de frisca si un strop de sos de caramel.
f) Serviți imediat și bucurați-vă de Banoffee Pie Martini!

95.Banoffee la modă veche

INGREDIENTE:
- 40 ml rom negru
- 20 ml rom condimentat
- 15 ml lichior de banane
- 7½ ml sirop de miere
- 1 strop de bitter Angostura
- 1 strop de ciocolată bitter

INSTRUCȚIUNI:
a) Umpleți un pahar de roci cu gheață.
b) Turnați toate ingredientele în pahar și amestecați.
c) Se ornează cu chipsuri de banane.
d) Bucurați-vă de cocktailul dvs. Banoffee Old Fashioned!

96.Milkshake Banoffee

INGREDIENTE:
- 1 lingurita ulei vegetal
- 1 lingură de porumb
- ⅓ cană sos caramel
- 100 g ciocolata neagra, topita
- 2 banane coapte
- 2 linguri de inghetata de vanilie
- 1 ½ cană de lapte
- Frisca din conserva, de servit
- Covrigei simpli, pentru a decora
- Covrigei de ciocolata, pentru a decora
- 20 g ciocolată neagră, rasă

INSTRUCȚIUNI:
a) Încinge uleiul într-o cratiță medie la foc mare. Adăugați porumb.
b) Gătiți, acoperit, scuturând tigaia, timp de 3-4 minute sau până când se oprește pocnitul. Se ia de pe foc.
c) Se presară cu sare și se adaugă 1 lingură de sos caramel. Se amestecă pentru a acoperi. Se da deoparte la racit.
d) Turnați ciocolata topită în interiorul a 4 pahare de 300 ml și ungeți ușor marginile paharelor.
e) Amestecați banana, înghețata, laptele și 2 linguri de sos de caramel până la omogenizare și spumă. Se toarnă în pahare pregătite. Acoperiți cu frișcă. Aranjați covrigi în jurul paharului.
f) Presărați floricele de porumb caramel și ciocolată rasă. Serviți imediat.

97. Cocktail Banoffee Pie

INGREDIENTE:
- 1 banană
- 2 uncii de rom de banane
- 2 uncii jumătate și jumătate
- 2 linguri Dulce de Leche
- Gheață

INSTRUCȚIUNI:
a) Intr-un blender adaugam banana.
b) Apoi, adăugați Banana Rom.
c) Adăugați jumătate și jumătate.
d) Adaugă Dulce de Leche.
e) Amestecați ingredientele și adăugați gheață după cum doriți.

98. Banoffee Pie Frappe

INGREDIENTE:
- 3 lingurițe pline de lapte de malț
- 1 lingura de inghetata de vanilie
- 200 ml lapte
- 1 banană + 2 felii pentru topping
- 20 ml sos caramel
- 1 biscuit maruntit
- Un praf de scortisoara
- Cuburi de gheata

INSTRUCȚIUNI:

a) Puneți laptele, laptele de malț, banana, înghețata și cuburile de gheață într-un blender.

b) Amplasați la viteză maximă pentru a face o băutură netedă, cremoasă.

c) Turnați frappe-ul în paharul preferat.

d) Acoperiți cu un strop de sos caramel sau sirop de arțar.

e) Adăugați biscuiți mărunțiți, câteva felii de banană și un praf de scorțișoară pentru ornat.

99.Ciocolata calda Banoffee

INGREDIENTE:
- 1 cana ciocolata calda (preparata cu lapte)
- 1 banană coaptă, piure
- 2 linguri de sos de toffee
- Frisca pentru topping
- Scorțișoară pentru garnitură

INSTRUCȚIUNI:
a) Pregătiți ciocolata caldă folosind lapte.
b) Se amestecă piure de banane și sosul de caramel până se combină bine.
c) Acoperiți cu frișcă și un strop de scorțișoară.

100. Banoffee Colada

INGREDIENTE:
- 1 banană coaptă, curățată și tăiată felii
- 1 cană bucăți de ananas (proaspăt sau conservat)
- 2 uncii (60 ml) cremă de nucă de cocos
- 1 uncie (30 ml) dulce de leche sau sos caramel
- 2 uncii (60 ml) lichior de banane
- 1½ uncii (45 ml) rom negru
- 1 cană cuburi de gheață
- Frisca (pentru garnitura)
- Felii de banană și felii de ananas (pentru garnitură)

INSTRUCȚIUNI:
a) Într-un blender, combinați banana coaptă, bucățile de ananas, crema de cocos, dulce de leche, lichiorul de banane, romul închis și cuburi de gheață.
b) Se amestecă până când este omogen și cremos.
c) Gustați și ajustați dulceața, dacă este necesar, adăugând mai mult dulce de leche sau lichior de banane.
d) Se toarnă amestecul în pahare de servire.
e) Se orneaza cu o lingura de frisca.
f) Acoperiți cu felii de banană și felii de ananas.
g) Opțional: Stropiți suplimentar dulce de leche sau sos de caramel peste frișcă pentru un plus de dulceață.
h) Introduceți un pai și bucurați-vă de acest Banoffee Colada tropical și indulgent!

CONCLUZIE

În timp ce ne luăm rămas bun de la „CARTEA COMPLETĂ DE CATEGORIE CARAMELE", o facem cu inimile pline de recunoștință pentru aromele savurate, amintirile create și răsfățul dulce împărtășit pe parcurs. Prin 100 de delicii tentante de beatitudine untoasă, am explorat posibilitățile nesfârșite ale caramelului și am sărbătorit plăcerile simple de a ne răsfăța cu un răsfăț de casă.

Dar călătoria noastră nu se termină aici. Pe măsură ce ne întoarcem în bucătăriile noastre, înarmați cu inspirație nouă și apreciere pentru toffee, să continuăm să experimentăm, să inovăm și să creăm cu această confecție încântătoare. Indiferent dacă facem caramelă pentru noi înșine sau îl împărtășim cu alții, fie ca rețetele din această carte de bucate să servească drept sursă de bucurie și confort pentru anii următori.

Și, pe măsură ce savurăm fiecare mușcătură delicioasă, să ne amintim de căldura bucătăriei, de râsul celor dragi și de bucuriile simple de a ne răsfăța cu un răsfăț dulce. Vă mulțumim că ne-ați alăturat în această călătorie delicioasă. Fie ca bucătăria să fie plină de aroma de zahăr caramelizat, cămara să fie plină cu bunătate untoasă și inima să fie plină de fericirea care vine din bucurarea de plăcerile simple ale vieții.

Milton Keynes UK
Ingram Content Group UK Ltd.
UKHW021636011224
451755UK00010B/646